Hans Maier

Das Doppelgesicht des Religiösen

W0231839

HERDER spektrum

Band 5468

Das Buch
Religion ist nichts Harmloses. Sie hat ein Doppelgesicht, erhebend und gewinnend auf der einen Seite, gewalttätig und erschreckend auf der anderen. Religiöse Gefühle sind oft für höchst weltliche Zwecke missbraucht worden. Die Pseudoreligionen des 20. Jahrhunderts (Kommunismus, Faschismus, Nationalsozialismus, Imperialismus) treten in der Gegenwart oft unter religiöser Flagge auf, manche berufen sich auf „Befehle Gottes". Das Böse kann, wie der Christ weiß, unter vielerlei „Maskeraden" auftreten, auch „in der Gestalt des Lichts, der Wohltat, des geschichtlich Notwendigen, des sozial Gerechten" (Dietrich Bonhoeffer).
Hans Maier leistet in diesem Buch, das an seine Forschungen zu den „Politischen Religionen" anknüpft und sie weiterführt, einen Beitrag zur Klärung dieser Fragen. Indem er das Verhältnis von Religion, Gewalt und Politik an historischen und aktuellen Beispielen untersucht, zeigt er, wie Religion immer wieder in den Dienst der Politik – aber auch Politik in den Dienst der Religion – gestellt wurde und wie sich aus solchen Vermischungen oft tödliche Gewalt entwickelt hat. Heilung kann nach seiner Überzeugung nur aus der Besinnung auf die klassische Unterscheidung der zwei Gewalten Religion und Politik erwachsen, aus der Einsicht, dass der vage und weite Begriff der Religion, soll er nicht ins Gefühlshafte (und in die Gefahr des Missbrauchs) abgleiten, der Festigung durch eine der Vernunft zugängliche Glaubenslehre bedarf.

Der Autor
Hans Maier, 1931 in Freiburg geboren, war von 1962–1999 Professor für politische Wissenschaft und später für christliche Weltanschauung an der Universität München. Von 1970–1986 war er bayerischer Kultusminister. Er lebt in München. Zahlreiche Veröffentlichungen zur Verfassungs- und Verwaltungsgeschichte, zu Religions- und Kirchenfragen und zur Musik. Bei Herder spektrum sind zuletzt erschienen: Die christliche Zeitrechnung (Band 4933); Politische Religionen (Band 4414); Welt ohne Christentum – was wäre anders? (Band 4945).

Hans Maier

Das Doppelgesicht des Religiösen

Religion – Gewalt – Politik

HERDER

FREIBURG · BASEL · WIEN

Originalausgabe

Alle Rechte vorbehalten – Printed in Germany
© Verlag Herder Freiburg im Breisgau 2004
www.herder.de
Satz: Barbara Herrmann, Freiburg
Druck und Bindung: fgb · freiburger graphische betriebe 2004
www.fgb.de
Umschlaggestaltung und Konzeption:
R·M·E München / Roland Eschlbeck, Liana Tuchel
Umschlagmotiv: Hieronymus Bosch, Kreuztragung, Detail, 1515–1516
Autorenfoto: © porträt-studio meinen gmbh
ISBN: 3-451-05468-X

Inhalt

Vorwort

Dieses Buch verknüpft Ereignisse der jüngsten Geschichte – den 11. September 2001, das Auftreten religiös motivierter Attentäter und Terroristen, „neue Kriege" im Namen Gottes – mit älteren historischen Geschehnissen und Erfahrungen. Leitend war die Frage nach dem geschichtlichen Zusammenhang von Religion, Gewalt und Politik. Steckt hinter dem von Samuel Huntington prophezeiten „clash of civilisations" am Ende ein Konflikt der Religionen, ausgelöst durch eine neue, „fundamentalistisch" geschärfte und militant zugespitzte religiöse Praxis, in der sich das „Doppelgesicht der Religion" – Faszination und Schrecken – besonders deutlich enthüllt?

Der Exposition dieses Themas (I) folgt ein Blick auf Gewalt und Politik in der jüngeren Geschichte, einer Geschichte, die durch militärische Hochtechnologie, den Aufbau von Gewaltpotentialen zwischen den Staaten und den Kampf um die „Erdherrschaft" gekennzeichnet ist (II). Kapitel III und IV interpretieren die Gewaltregime des 20. Jahrhunderts – Kommunismus, Faschismus und Nationalsozialismus – im Spiegel der sie begleitenden religiösen und profanen Deutungen als Erscheinungen einer neuen, säkularen „Politischen Religion". Das führt zu der Frage, wie sich die überlieferten „abrahamitischen Religionen" – Judentum, Christentum, Islam – gegenüber diesen Zerrbildern behaupten. Haben sie die ihnen innewohnenden Gewaltpotentiale im Gang der Geschichte durch Erfahrung und theologische Reflexion überwunden? Die abschließende Studie (V) untersucht diese

Problematik an einem zentralen, heute im Mittelpunkt der Diskussion stehenden Begriff, dem des Martyrers. Fällt das traditionelle Martyrerverständnis (das den abrahamitischen Religionen gemeinsam ist!) künftig in gegensätzliche Positionen auseinander: der Martyrer als Zeuge – der Martyrer als Waffe?

Ich danke Herrn Dr. Rudolf Walter, der mich zu diesem Buch ermuntert und in Erinnerung an Bernhard Welte auch den passenden Titel dafür gefunden hat. Ebenso gilt mein Dank Frau Heike Bäuerle, welche die Satzvorlage erstellte.

München, im März 2004
Hans Maier

I. Religion – eine Quelle der Gewalt?

Im Gefolge des 11. September 2001 ist eine heftige Diskussion über Religion und Gewalt entstanden. Sie gilt vor allem den monotheistischen, den abrahamitischen Religionen: Judentum, Christentum, Islam. „Gott ist zurück", stand auf dem Titelblatt von *L'Express*. Aber: „Ist Gott kriminell?", fragt ein anderes Magazin.[1] Manche sprechen von neuen „biblischen Kriegen". Huxleys Wort vom „Schlachthaus der Religionen" macht die Runde. Die Diskussion ist von verwirrender Ambivalenz. Aus vielen Beiträgen spricht Ratlosigkeit. Einerseits erweist sich „Religion" am Anfang des 21. Jahrhunderts nach wie vor als bewegende Kraft der Geschichte – nur noch wenige reden von ihrem „baldigen Absterben" im Zuge des zivilisatorischen Fortschritts. Andererseits: Mit der Wiederkehr der Religionen scheinen auch die Schrecken, die Gespenster und Dämonen der alten Welt wiederzukehren.

Terror und Zerstörung brechen ein in die verletzlichen Hochzivilisationen der Gegenwart. Technologischer Fortschritt, skrupellos und listig gegen seine Erfinder gekehrt, Linienflugzeuge, die zu Wurfgeschossen werden, Treibstoff, umfunktioniert zum Brandsatz, zum Äußersten entschlossene, ihr Leben nicht schonende Kamikazeflieger, die viele Menschen mit sich in den Tod reißen[2] – dem halten, so scheint es, die babylonischen Türme unserer Zivilisation nicht stand.

Werden die verstörten Menschen des 21. Jahrhunderts künftig Religion überhaupt noch als Kraft des Friedens und der Einheit erfahren, wie es Papst Johannes Paul II. wiederholt in Assisi beschwor – oder kommt Religion über sie wie ein unberechenbares und gefährliches Schicksal, eine Übermacht, in deren Mitte tödliche Zerstörung wohnt?

1. Vom Streit der Kulturen zum Streit der Religionen?

Sicher ist eines: Das Geschehen des 11. September 2001 reicht über kulturelle, zivilisatorische Dimensionen – Erste Welt und Dritte Welt, Reichtum und Armut, Macht und Ohnmacht, Hochtechnologie und archaische Gesellschaftsformen – weit hinaus. Denn die globale Aktion von al-Qaida konfrontierte die Welt – wohl erstmals in dieser Schärfe – mit Tätern, die sich auf religiöse Weisungen, auf „Befehle Gottes" beriefen. Der westliche, aufgeklärte Mensch mag ungläubig fragen: Können Mörder fromm sein? Er mag misstrauisch hinter den religiösen Motiven andere, weltliche, politische, wirtschaftliche Motive suchen. Tatsache bleibt jedoch, dass die Attentäter im Auftrag Gottes zu handeln glaubten, in der Überzeugung, Unglaube verdiene harte Vergeltung, in der Bereitschaft zum eigenen Lebensopfer – und zugleich in der sicheren Erwartung eines unmittelbar bevorstehenden Lohnes.[3]

Natürlich waren die Attentäter, auch Mohammed Atta, keine isolierten Einzelkämpfer. Sie sind Teil eines Netzwerks, das sich über viele Länder spannt. Die Organisatoren agieren weltweit, sie verfügen über Rekrutierungsbüros, Trainingscamps, Kommandozentralen, sie lenken Finanzströme, beschaffen Waffen, planen und exekutieren Anschläge. Sie nutzen für ihre Gefolgsleute sowohl die Möglichkeiten des Studiums und der technischen Ausbildung in hoch entwickelten Staaten als auch umgekehrt den anarchischen Bewegungsspielraum in Ländern mit zerstörter oder halbzerstörter Staatlichkeit. Deutschland, Frankreich, die USA sind deshalb für sie ebenso wichtig wie Afghanistan, Kaschmir oder Somalia. Auch den Leitfiguren an der Spitze des Terror-Netzes sind, soweit wir sehen, religiöse Motive keineswegs fremd. Es wäre falsch, die Attentäter als hilflos-gläubige Marionetten abzutun, als Opfer zynischer, machiavellistischer Mächtiger im Hintergrund. Bei allen Unterschieden im Einzelnen gibt es in der Dschihad-Bewegung[4] einen einheitlichen Geist, der die Kommandohöhen mit der Basis verbindet.

Die meisten Attentäter des 11. September stammten aus Saudi-Arabien. Hier bestätigt sich ein Phänomen, das wir aus der Französischen Revolution und aus anderen Revolutionen kennen: Die Anführer von Revolten stammen meist nicht aus den Elendsvierteln, sondern aus bürgerlichen, oft sogar aus großbürgerlichen Verhältnissen. In dem hoch entwickelten reichen Saudi-Arabien liegen die heiligen Stätten Mekka und Medina (zu denen Nichtmuslime bekanntlich bis heute keinen Zutritt haben). Für das Selbstverständnis des Islam ist dieses Land von fundamentaler Bedeutung. Jede grundlegende Veränderung, die dort vor sich geht, betrifft die Muslime in aller Welt – schon wegen der zu den „fünf Säulen" zählenden Verpflichtung zur Pilgerfahrt nach den heiligen Stätten.

Nun hatte aber eine solche einschneidende Veränderung – jedenfalls in den Augen strenggläubiger Muslime – tatsächlich stattgefunden. Denn im Verlauf des zweiten Golfkriegs wurden Hunderttausende amerikanischer Soldaten in Saudi-Arabien stationiert. Dies geschah zwar auf ausdrücklichen Wunsch von König Fahd, der einen Angriff Saddam Husseins auf die ölreiche saudi-arabische Ostprovinz fürchtete. Doch es rief sofort eine massive Opposition islamischer Prediger gegen die Besetzung des Landes durch die „Ungläubigen" hervor: Vor allem junge Muslime protestierten gegen die Korruption im Land, die Prunksucht der Herrscher, die in ihren Augen verhängnisvollen Folgen der Verwestlichung für die Religion.

Ein Reformprogramm wurde entworfen, das auf eine umfassende Islamisierung des Staates unter der Aufsicht wahhabitischer Gelehrter zielte. Dies war die geistige Welt, aus welcher der Milliardärssohn und Bauunternehmer Usama bin Ladin kam. Er baute in den folgenden Jahren – nach seiner Flucht aus Saudi-Arabien 1991 – in Afghanistan, im Jemen und im Sudan eine internationale Organisation auf, die al-Qaida, die seit 1998 damit begann, nicht nur die nichtislamische Welt im Allgemeinen, sondern speziell die USA ins Visier zu nehmen.[5]

In bin Ladins Augen sind die USA ein Aggressor. Ich zitiere ein Interview aus dem Jahr 1998: „Denn die Länder des Islam, vor allem die Heiligen Stätten (von Mekka, Medina und Jerusalem) sind angegriffen worden. Ihre Liste beginnt mit der al-Aqsa-Moschee in Jerusalem, in deren Richtung der Prophet Muhammad zu Beginn seiner Mission betete. Anschließend setzte sich der feindliche Angriff der Koalition der Kreuzzügler (= Christen) und Juden fort, der von Amerika und Israel angeführt wird, bis sie das Land der Heiligen Stätten (von Mekka und Medina) einnahmen." Der andere Grund liegt darin, dass die USA den westlichen Lebensstil verkörpern, und zwar in seiner ausgeprägtesten Form – einen Lebensstil, der nach der Überzeugung strenggläubiger Muslime in letzter Konsequenz die religiöse Praxis des Islam (vor allem in seiner wahhabitisch-asketischen Art) unmöglich macht. Aus beiden Gründen halten sich militante Muslime nicht nur für berechtigt, sondern sogar für verpflichtet, dem

„großen Satan" Amerika (wie auch dem „kleinen Satan" Israel) entgegenzutreten. Seit jeher vertrat bin Ladin die „für die Wahhabiya typische strenge Unterscheidung zwischen Gläubigen und Ungläubigen und ist auch der Meinung, Ungläubige dürfe man töten".[6]

Unten wie oben herrschen also im Dschihadismus religiöse Motive vor. Sie bilden die eigentliche Stoßkraft der Bewegung. Hinter dem Kampf für den Islam – der die Rache an seinen wirklichen oder vermeintlichen Gegnern mit Mitteln der Gewalt ausdrücklich einschließt – verbirgt sich nicht etwas „ganz anderes", Profanes, er ist nicht die Verkleidung eines in Wahrheit politischen oder ideologischen Programms, hinter ihm steckt kein machiavellistischer Kalkül. Religion ist für den Dschihadismus keine Fassade. Es scheint mir wichtig, den ursprünglichen Impuls des Dschihadismus ernst zu nehmen und ihn nicht einfach zu leugnen oder ideologiekritisch zu relativieren. Auch wenn seine Konsequenzen in vielem absurd und schrecklich sein sollten, so gilt es doch den Tätern mit aller Geduld und Genauigkeit ins Innere ihres nicht selten ins Entsetzliche verstiegenen Bewusstseins zu folgen. Nur so wird es möglich, ihre Taten zu verstehen und sich gegen künftige Anschläge zu wappnen.

Dass im Dschihadismus religiöse Motive vorherrschen, bedeutet im Übrigen nicht, dass sich die Bewegung in der gegenwärtigen Welt nicht auch andere Strömungen zunutze macht. Hier kommen vor allem Dritte-Welt-Gefühle ins Spiel: das Gefühl einer universellen Demütigung der armen und unterentwickelten Völker gegenüber den reichen und führenden Nationen; das Bewusstsein eines kaum aufzuholenden Rückstands; wirtschaftliches, soziales, kulturelles Elend; die Einsicht, zu den Verlierern der Globalisierung zu gehören – und damit verbunden der Hass auf die Lebensformen der Reichen,

13

auf die westliche politisch-kulturelle Überlegenheit, auf die letzte verbliebene Großmacht: Amerika.[7] Es sind aber nicht nur Unterlegenheitsgefühle, die den Unterstrom des Dschihadismus bilden – es sind auch Gefühle der Überlegenheit, ja der Erwählung. Der radikale Islam ist nicht nur ein Modell für sozial Deklassierte – er ist auch attraktiv für eine wachsende Zahl hoch qualifizierter junger Männer in den islamischen Ländern. Diesen gibt er Gelegenheit, in einer globalisierten Welt mit unbegrenzten Handlungsräumen neue, ungeahnte Machterfahrungen zu machen, Erfahrungen, „die ihnen eine gescheiterte Moderne oder eine blockierte Demokratie" in ihren Ländern nicht bieten können.[8] Sie können, wie in Urzeiten, Gewalt üben, ihre Ehre verteidigen, ihre Männlichkeit ausleben – und dies alles in der Rolle des Rächers der verletzten Unschuld und des Kämpfers für Gerechtigkeit. Ein Milliardärssohn aus einem reichen Ölstaat kann hier ebenso zum neuen Robin Hood aufsteigen wie ein namenloses Unterschichtkind aus einem armen Land. Privatisierte Gewalt erweist sich als eine neue Währung in einer Welt, in der das staatliche Gewaltmonopol sich auf dem Rückzug befindet[9] – und wenn sich diese Gewalt einerseits mit Selbstverlorenheit und Mystik, andererseits mit Virilität und Kampfgeist paart, entsteht eine neue Qualität des religiösen Kampfes. Die Bereitschaft, sich für eine Sache aufzuopfern, „verleiht Selbstbewusstsein, ja so etwas wie moralische Überlegenheit … Für unsere, für meine Sache sind viele bereit zu sterben, manche drängen sich dazu. Was letztlich zählt, ist nicht die Technik, es sind die Menschen."[10] Diese Haltung ist anschlussfähig an Traditionen des Islam: zum einen an seine Universalität – die Umma als Weltgemeinde –, zum andern an seine von Anfang an kämpferische, ja kriegerische Entschlossenheit, die Welt zum einen, einzigen Gott zu führen.

2. Der Eine Gott – ein eifersüchtiger Gott?

An diesem Punkt stellt sich die Frage: Ist dieser militante Islam ein Sonderfall? Handelt es sich um eine einmalige Entgleisung (die vielleicht nicht einmal für den Islam selbst typisch ist)? Oder kommen in der „Dschihadisierung" des Islam Kräfte zum Zug, die auch in anderen Religionen wirksam sind? Geht es speziell um ein Problem monotheistischer Religionen? Kann der Eine Gott einfach keinen anderen neben sich dulden? Schließt der Wahrheitsanspruch einer Religion Toleranz gegenüber anderen Religionen aus? Ist denen, die für eine religiöse Wahrheit kämpfen, alles erlaubt? Müssen wir also Polytheisten werden, um überhaupt tolerant sein zu können?[11]

In der Tat ist die jüngste Diskussion im Zusammenhang mit den Anschlägen des 11. September eine Diskussion über die monotheistischen Religionen. Sie setzt beim Islam ein, geht aber weit über ihn hinaus.[12] Dabei werden unterschiedliche und gegensätzliche Thesen vertreten. Auf der einen Seite stehen diejenigen, die in den Religionen ein gefährliches Konfliktpotential sehen – ein Potential, das sich noch vergrößert, wenn zum normalen Beharrungsvermögen der Religion ein spezifischer Universalitäts- und Wahrheitsanspruch hinzukommt.[13] Auf der anderen Seite stehen die Verteidiger der Religion, die auf die konfliktmindernden, die integrations- und friedensfördernden Kräfte des Religiösen hinweisen.[14] Beide Seiten können reichlich Material aus Geschichte und Gegenwart für ihre Auffassungen ins Feld führen. Entscheiden lässt sich der Streit gewiss nicht mit einem einfachen Ja oder Nein. Sollte es nicht vielmehr so sein, dass Menschen die Religion – ganz unabhängig von ihrer speziellen Gestalt – zum Guten wie zum Bösen gebrauchen können? Bernhard Welte hat diese Vermutung schon vor Jahren in einem kleinen Buch geäußert, das den Titel trägt: *Vom Wesen und Unwesen der Religion* (1952).

Besondere Aufmerksamkeit findet in der gegenwärtigen Debatte natürlich die These von der inhärenten Gewaltsamkeit des Monotheismus. Immerhin steht hinter ihr – um nur einen Namen zu nennen – die Autorität des Ägyptologen und Kulturwissenschaftlers Jan Assmann. Assmann sieht in der Unterscheidung zwischen wahr und unwahr – er nennt sie nach ihrem Urheber die „mosaische Unterscheidung" – die Ursache für eine Fülle von Unheil und Gewalt in der Geschichte.[15] Diese Unterscheidung hat nach seiner Meinung nicht nur das Gottesbild revolutioniert (vorher gab es Götter, nachher den Einen Gott und daneben nur noch Götzen), sie hat auch den „ägyptischen Subtext" der hebräischen Bibel, die Evidenz *irdischer* Erfüllung durch Religion, in den Hintergrund gedrängt. Geblieben ist der außerweltliche, unsichtbare Gott. Mit ihm entsteht eine neue Welt und eine neue Wirklichkeit. Dass aber die antiken Polytheismen, in die Unwahrheit gestoßen, zu Idolatrien wurden, bereitete nach Assmann der Unterwerfung und Vernichtung kultureller und religiöser Identitäten den Weg. Daher sollte nach seiner Ansicht die mosaische Unterscheidung – und mit ihr der *Exodus aus der Welt* – in Frage gestellt, ja zurückgenommen werden.[16]

Nun ist kein Zweifel, dass die Ausbreitung von Religionen in der Geschichte immer wieder von Gewalt begleitet wurde – vor allem dann, wenn es um deren Übernahme durch ganze Gruppen, Stämme, Völker ging. Aber hat dabei die Wahrheitsfrage wirklich die entscheidende Rolle gespielt? War das Kriterium nicht vielmehr der „mächtige Gott", sein Krafterweis und seine Überlegenheit im Streit mit anderen Göttern? Und ist nicht die philosophische Kritik des Polytheismus durch die griechische Philosophie zu ganz ähnlichen Ergebnissen gekommen wie die „mosaische Unterscheidung" in der hebräischen Bibel? Konnte die spiegelbildliche Verdoppelung der Menschenwelt durch einen Götterhimmel auf die Dauer intellektuell befriedigen? Augustin hat in *De civitate Dei* die physische Theologie, d. h. die Frage nach dem *Wesen der Götter*, als spezifischen Vorstoß der griechischen Philosophie ausdrücklich begrüßt, weil sie über die allzu menschenähnlichen Götter der Volksfrömmigkeit hinausgeführt und ein edleres und komplexeres Gottesbild begründet habe. Im Übrigen hat er mit drastischen Beispielen geschildert, wie wenig friedfertig der angeblich so pazifistische Polytheismus war: Wenn die Götter im Himmel mitkämpfen, dann besteht Gefahr, dass die Konflikte unter Menschen nicht gemildert, sondern im Gegenteil verschärft werden.[17] Kurz, Gewalt als Korrolarium von Religion kann unter *allen* religiösen Konstellationen auftreten. Ihr Auftreten ist nicht gebunden an den Anspruch des Einen Gottes und seiner Wahrheit.

In aller Vorsicht kann man sagen, dass Religion und Gewalt nicht in einem systematischen Zusammenhang stehen, dass sie aber miteinander historisch-kontingente Verhältnisse eingehen, die sich im Lauf der Zeit verändern. Um es mit Volkhard Krech zu sagen: „Als Teil der kulturellen Verarbeitung vom Primärerfahrungen haben es Religionen mit den elementaren Bedingungen und Kräften menschlichen Lebens zu tun. Je nach Ausrichtung kanalisieren und sublimieren oder generieren und schüren sie vitale beziehungsweise destruktive Kräfte. Neben der interpretativen Auseinandersetzung mit Naturgewalten zählt es zu ihren kulturellen Wirkungen, gesellschaftliche Interessenkonflikte und psychische Triebkräfte sowohl zu bannen als auch sie freizusetzen. Religionen tun dies als Symbolsysteme verbindlicher Selbst- und Weltdeutungen. Ein *eindeutiger* Zusammenhang zwischen Religion und Gewalt lässt sich religionsgeschichtlich und, wie ich meine, auch systematisch nicht – weder positiv noch negativ – behaupten. Religion kann Gewalt generieren und fördern, sie kann sie aber auch kanalisieren und sublimieren, indem sie ihr neue Inhalte und Objekte gibt."[18]

3. Die Gewalt und die abrahamitischen Religionen

Fassen wir speziell die abrahamitischen Religionen ins Auge, also Judentum, Christentum, Islam, so zeigt sich Folgendes: Alle drei entfalten sich in einer archaischen Welt, in der Gewalt als Machterweis des Göttlichen eine unübersehbare Rolle spielt (1). Alle drei gehen jedoch über diese archaische Ausgangslage im Lauf der Zeit hinaus (2). Dabei waren Rückfälle in Perioden religiös motivierter Gewaltanwendung nie ausgeschlossen (3).

(1) Gewalt als Machterweis des Göttlichen: Man muss die – manchmal ein wenig aufgesetzt wirkende – Redeweise von der „Gewalt in der Mitte der Religion" (René Girard, Walter Burkert)[19] nicht teilen, um zu spüren, dass der Gott der Bibel ein gewaltiger – zu Zeiten sogar ein gewalttätiger – Gott ist. Er ist nicht nur der Retter seines Volkes, der Anwalt der Armen und Bedrängten – auch Freunde wie Jakob müssen mit ihm auf Tod und Leben ringen. In seinem Auftrag marschiert Israel ins Land der Kananäer und Philister (= Palästinenser) ein, reißt alle Altäre der fremden Götter nieder und vollstreckt die – so wörtlich – „Vernichtungsweihe" an allen feindlichen Stätten – so die Bücher Josua und Richter. Das ist ein allmächtiger, aber kaum barmherziger Gott. Die Gottesverehrung steigt nur mühsam zu ihm auf aus einem

unendlichen Abstand zwischen Schöpfer und Geschöpf. Der Mensch als Kreatur liegt im Staub vor einer überlegenen Majestät. Ihr bleibt nur die absolute Unterwerfung und ein unerschütterliches Vertrauen, das nicht nach Gründen fragt.

(2) Doch ebenso deutlich ist, dass sich in der Bibel bis in frühe Schichten hinein auch Elemente der Gewalt*kritik* und Gewalt*begrenzung* finden. So ist schon der Talionsgrundsatz „Leben für Leben, Auge für Auge, Zahn für Zahn" keineswegs ein Aufruf zu massiver Vergeltung – er legt vielmehr Rechtsgrundsätze für die Entschädigung fest, versucht also Rache durch Recht zu ersetzen. „Zudem zeigt sich in den biblischen Texten eine innere Dynamik der Glaubensentwicklung, die den historischen Erfahrungen Israels entspricht. Nachdem sich Israel – vor allem in der Zeit des Babylonischen Exils – selbst als Opfer von Gewalt erfahren hatte, tritt die Gewaltkritik zunehmend ausgeprägter hervor und hinterlässt auch im Gottesbild tiefe Spuren." Von hier aus gesehen ist die Bergpredigt Jesu kein radikaler Bruch mit jüdischen Überlieferungen; sie wird im Gegenteil „nicht selten als messianische Radikalisierung und Überbietung ihrer gewaltkritischen Stoßrichtung verstanden". Mit dem Kreuz Jesu ist ein Symbol des Gewaltverzichts gegeben, auf das „die Kritiker einer Gewaltanwendung im Bereich christlicher Geschichte sich immer wieder berufen konnten".[20]

Komplizierter liegen die Dinge im Islam. Es ist oft darauf hingewiesen worden, dass diese jüngste der abrahamitischen Religionen von einem Mann gestiftet wurde, der zugleich Staatsgründer und Eroberer war, und dass der Islam die strikte Unterscheidung einer geistlichen und einer weltlichen Sphäre (im Sinn der biblischen Episode vom Zinsgroschen) nicht kennt. Die Unterscheidungen im Islam sind andere: auf der einen Seite das Gebiet des Islam, d. h. des Gottesstaates; auf der anderen Seite das Gebiet des Krieges, d. h. der Nicht-Muslime. Den Muslimen kommt dabei die Pflicht zu, ihr eigenes Gebiet gegen Angriffe der Feinde zu verteidigen. Darüber hinaus „haben sie sich aber auch aktiv dafür einzusetzen, im Gebiet des Krieges ihrem Glauben zum Sieg zu verhelfen und die Rechte Gottes zur Geltung zu bringen. Der endgültige Friede wird erst erreicht sein, wenn ‚nur noch ein Staat bestehen bleibt: der der islamischen Gemeinschaft'." Das bedeutet nicht zwangsläufig, dass auf dem Weg dahin zu allen Zeiten Dauerkrieg herrschen müsse, sondern es ist auch möglich, für eine Übergangszeit friedliche Kontakte zu pflegen. „Allerdings bedeutet dies nicht die Anerkennung des Gegenübers als eines gleichberechtigten Partners."[21]

(3) Rückfälle in die Anwendung religiös motivierter Gewalt gibt es sowohl beim Christentum wie beim Islam. (Das Judentum der Diaspora ist aufgrund der geschichtlichen Umstände von dieser Versuchung frei.) Die Praxis religiöser Gewalt bietet ein weites Feld für die historische Betrachtung. Sowohl die kriegerischen Vorstöße des Islam in den Mittelmeerraum und nach Südeuropa wie auch die Kreuzzüge wie auch der heutige Dschihadismus müssten im Einzelnen untersucht und systematisch verglichen werden – was hier nicht geschehen kann. Ich will nur eine Vermutung äußern: Zumindest bei den Kreuzzügen und beim militanten Dschihadismus scheinen mir Verteidigungs- und Bewahrungsreflexe am Anfang zu stehen: hier die Bewahrung der von den „Ungläubigen" bedrohten Heiligen Stätten, dort der strenge Islam als ein durch die westliche Lebensform gefährdeter Wert. Rasch geht dann der aus Angst geborene Verteidigungsreflex in Gewalt über. Und am Ende langer und oft verzweifelter Kämpfe ist das Ziel meist weiter entfernt als am Anfang. Die Kreuzfahrer konnten das Heilige Land nicht

auf die Dauer festhalten. Und auch die Dschihadisten, so darf man annehmen, werden scheitern bei dem Versuch, die feindliche Welt, den „großen und den kleinen Satan" auf die Knie zu zwingen.

II. Neuzeitliche Gewalt und Politik

Gewalt ist eine Konstante in der menschlichen Geschichte. Schon die Bibel lässt die irdische Historie mit einem Brudermord beginnen. Die Weltgeschichte ist voll von Kriegen, Aggressionen, Zerstörungen, Grausamkeiten. Wie immer man den Sachverhalt erklären mag, ob aus einer Ursünde oder aus angeborener Aggressionslust, aus tierischer Animalität oder aus einem Todestrieb, das Faktum selbst ist nicht zu übersehen. Und das riesige, nicht unterteilte Bedeutungsfeld des deutschen Wortes Gewalt[22] mag uns daran erinnern, dass im Menschen offenbar wirklich alles mit allem zusammenhängt: Erfindungskraft und Bosheit, Neugier und Zerstörungswut, Aufopferung und Rachelust, Liebe und Hass.

1. Gewaltbegrenzung im modernen Staat

Unverkennbar ist freilich auch, dass der Mensch von Anfang an um die Zähmung, oder sagen wir vorsichtiger: um die Begrenzung, Rationalisierung, Regularisierung seines Gewalttriebs bemüht war. Die Geschichte ist insofern nicht einfach ein überdimensionaler Gewalt-Exzess. Sie ist auch ein immer neuer Versuch zur Schaffung dauerhafter Ordnungen. Kant, kein Optimist in Bezug auf den Menschen, konnte daher in seinem Gemeinspruch-Aufsatz zu Recht feststellen, dass in der menschlichen Natur „immer noch Achtung für Recht und Pflicht lebendig" sei, eine Anlage zum Besseren – obwohl er doch anderseits wusste: „Die menschliche Natur erscheint nirgend weniger liebenswürdig, als im Verhältnisse ganzer Völker gegen einander."[23] In der Tat steht in der Geschichte der Menschheit dem Krieg der Friedensschluss gegenüber, der Aggression die Abwehr, der Gewalt die Gewaltbegrenzung, dem Chaos das Gesetz. Die regellose Gewalt von Einzelnen und Gruppen wird im Lauf der Zeit immer wieder eingezäunt, in kollektive Sicherheiten einbezogen, in vertragsähnliche Formen überführt. Der moderne Staat endlich drängt die autogenen Gewaltträger zurück, er bringt gegenüber der Institution der Selbsthilfe – Faust und Fehde, Blutrache, Brandschatzung – Gericht und Polizei in Anschlag; er monopolisiert die Ausübung legitimer physischer Gewalt bei sich und seinen Organen, und so entsteht der – uns heute ganz selbstverständliche – innerstaatliche Friedensraum.

Speziell in Europa ist es den Völkern vom 11. bis zum 18. Jahrhundert in einer Kette immer neu ansetzender Bemühungen gelungen, Gewalt und Selbsthilfe aus dem privaten und dem innerstaatlichen Bereich allmählich zu verbannen. Diese konsequente innerstaatliche Befriedung ist eine bedeutende, ja singuläre Leistung des christlich-europäischen Staatenkreises. Nicht gelungen ist freilich die Verbannung der Gewalt aus dem *zwischenstaatlichen* Bereich: Hier bleiben die Bemühungen bei der Beschränkung des Krieges auf den Staatenkrieg und bei der Humanisierung (oder wenigstens Regularisierung) der Kriegführung stehen – ganz abgesehen von jener Gewalt, die nach wie vor gegenüber der außereuropäischen, der nichtchristlichen Welt geübt wird.

Wolfgang Reinhard hat in seiner *Geschichte der Staatsgewalt*[24] dargestellt, wie mit der Entstehung des modernen Staates in Europa der Aufbau einer spezifischen „Gewaltkultur" einhergeht. Die Entwicklung führt von der irregulären Gewalt zur Staatsgewalt, von der Gewaltübung der Einzelnen und Gruppen zum Krieg der Könige und endlich zum Krieg der Staaten. Die gleiche Entwicklung spielt sich im Inneren ab: Hier gehen die Aktionen und Interaktionen in kleinen Sozialkreisen allmählich über in größere und festere Formen einer bewusst das Leben der Menschen normierenden „guten Policey", einer Ordnung des Gemeinwesens, die mit der Zeit ganze Territorien, ganze Länder umfasst. Von Anfang an sind dabei mit den disziplinierenden Wirkungen der erziehenden Obrigkeit auch zivilisierende, kultivierende Effekte verbunden. Eine Gesellschaft von Gleichen, von Bürgern beginnt sich im Schoß der staatlichen Macht- und Friedensstrukturen zu bilden. Und bald bedeutet Policey nicht mehr allein Ordnung, diszipliniertes Regiment: In der Sprache des 18. Jahrhunderts nimmt das Wort die Bedeutung „Zierlichkeit", „Höflichkeit", „Schönheit" an. Man spricht von „innerlicher Policierung der Menschen und der Staaten". So ist für Goethe die Polizei eine auf äußere Sauberkeit und innere Ordnung des Gemeinwesens bedachte Institution, die alles Hemmende, der Entwicklung Schädliche beiseite schafft. Sie umfasst sowohl die Sicherung der staatlichen Friedensordnung wie auch die Beförderung des Schicklichen und Geziemenden, wobei die nie stillstehende Sorge und die überschauende, gebietende Natur den charakteristischen Gegensatz zu der Einzelfälle entscheidenden, in einer je besonderen „Not" sich artikulierenden Rechtsprechung ausmacht.[25]

Man sieht: Es gab reale Chancen für die Kultivierung der Gewalt – ihre allmähliche Umwandlung in polizeiliche, in staatliche, in Amts-Gewalt. Gegenüber der Freisetzung der Gewalt im Zeitalter von Faust und Fehde war dies unzweifelhaft ein Fortschritt. Im 19. Jahrhundert schien sich die Linie allmählicher Gewaltabschwächung zunächst auch *zwischen den Staaten* fortzusetzen. Gewiss, es gab internationale Konflikte auch in dieser Zeit – aber sie erreichten nicht die Dauer und Schärfe späterer Weltkriege. Auch im Inneren der Staaten gab es, von Ausnahmen abgesehen, keine Gewaltverdichtung ähnlich derjenigen in der Zeit der Religionskriege – oder derjenigen ihres säkularen Nachhalls in der Zeit der Französischen Revolution und Napoleons. Das Jahrhundert nach 1815 schien eine Zeit der Kongresse und Konventionen, der internationalen Diplomatie und des Völkerrechts zu werden – und angesichts der rechtsstaatlichen Fortschritte im Inneren hielten die meisten Zeitgenossen tyrannische Regime, Diktaturen und Despotien für etwas, was in Europa endgültig überwunden war und allenfalls noch in „exotischen Ländern" fortbestand.

2. Gewaltpotentiale zwischen den Staaten

Wie aber kam es, dass gerade das „lange 19. Jahrhundert" (von 1789 bis 1914) neue Gewaltpotentiale aufhäufte? Warum stand am Ende einer Hoffnung weckenden Entwicklung nicht eine weltumspannende Friedensordnung, sondern ein neues „Zeitalter der Gewalt"? Und warum ging der Rückfall in die Barbarei gerade von Europa aus, dem fortgeschrittensten Kontinent? Ganz vorläufig und thesenhaft will ich die Entstehung und Verdichtung von Gewaltpotentialen im 19. Jahrhundert an vier Vorgängen veranschaulichen:

a) an der technisch-industriellen Revolution und ihrer Auswirkung auf Kriegstechnik und Kriegführung;
b) an der Entwicklung übernationaler Strukturen des Verkehrs, der Wirtschaft, der Herrschaft – und der damit ver-

bundenen Aufteilung der Welt unter europäische Hege-
monialvölker;

c) an der Einbeziehung einer wachsenden Zahl von Menschen in politische Entscheidungsprozesse im Zuge der
Ausbreitung demokratischer Strukturen und Verfahrens-
weisen;

d) an der Formveränderung des Staates, dem im Verlauf dieser
Entwicklung neue technische und militärische Energien
zuwachsen – von der „levée en masse" der Revolutions-
kriege bis zu den Formen der „totalen Mobilmachung" im
20. Jahrhundert.

a) Vor allem die Technik entwickelt im 19. Jahrhundert Gewaltpotentiale neuer Art. Sie löst sich in dieser Zeit von ihren
empirischen Ursprüngen, vom zufälligen Entdecken, Pro-
bieren, Finden, und entwickelt Züge eines systematischen
Kalküls. Sie wird exakte Wissenschaft auf dem Boden der
Naturgesetze und bringt Formen einer von Handarbeit zunehmend unabhängigen seriellen Produktion hervor.[26] In
der „industriellen Revolution" vermählen sich technische
und wirtschaftliche Kultur. Die Fabrik wird zum neuen Gehäuse einer Produktionstechnik mit rechenhaften Abläufen
und der Tendenz zur Massenfertigung. Maschinen überneh-
men in zunehmendem Maße die manuellen Handreichungen
und Dienste. Die Erschließung und Beherrschung der Naturkräfte – Wasser, Kohle, Eisen – steigert die menschlichen
Kräfte in ungeahnte Dimensionen. Die Grenzen von Raum
und Zeit werden zurückgeschoben: die Welt wird klein, der
Mensch soll umso größer werden.[27] Die Verkehrstechnik
rückt das Entfernteste näher zusammen; die Produktionstechnik setzt an die Stelle individueller Gebilde standardi-
sierte „Waren" – was einerseits den Massenwohlstand beför-

dert, andererseits nicht selten zum Verlust des Persönlichen, Eigengeprägten, Schönen führt.

Die industrielle Revolution revolutioniert auch die Kriegstechnik.[28] Sie begründet und etabliert – in einer freilich allmählichen, in Jahrzehnten langsam ansteigenden Bewegung – die Herrschaft der Apparate, Maschinen, Automaten in der Kriegführung.[29] An die Stelle körperbezogener Waffen, mit denen man „blankzieht", treten in zunehmendem Maß Artefakte. Die Wirkungen der Gewalt entfernen sich immer weiter von den auslösenden Ursachen. Der Krieg verliert seine ursprüngliche Analogie zum Zweikampf, zum Duell – er wird zum anonymen, zum technischen Krieg. Zieht man die Linien über zweihundert Jahre aus, von dem Artilleristen Napoleon bis zu den Raketen und Marschflugkörpern am Ende des 20. Jahrhunderts, so wird eine Bewegung zunehmender Entpersönlichung des Krieges sichtbar, bei gleichzeitiger grenzenloser Öffnung aller Kampfplätze zu Land und Wasser, in der Luft, ja im Weltall und bei zunehmender Aufzehrung aller Rückzugs-, Schutz- und Schongebiete. Am Ende steht das Szenario eines atomaren Krieges, in dem traditionelle „Fronten" sich auflösen und Zerstörung und Selbstzerstörung immer weiter aneinanderrücken, bis sie schließlich ununterscheidbar werden.

In dieser lang dauernden Bewegung setzt das 19. Jahrhundert unübersehbare Akzente. Den Fortschritt von Wissenschaft und Technik, Wirtschaft und Wohlstand begleiten kriegstechnische (oder doch in der Kriegstechnik verwendbare) Innovationen: Revolver, Zündnadelgewehr, Schießbaumwolle, Nitroglycerin, Dynamit – dazu die Effekte, die von Dampfmaschinen, Lokomotiven und Dampfschiffen, von Benzin- und Dieselmotoren, von der Steigerung der Feuerkraft und der Revolutionierung der Nachrichtentechnik ausgehen. Kriege verlassen das für sie bestimmte „Kriegstheater", sie dehnen sich aus in Raum und Zeit, beziehen Wirtschaft und Alltagsleben ein, werden umfassend und „total". Die Zerstörungskräfte verselbständigen sich, lösen sich los vom balancierenden Kalkül des Funktionalen und Verhältnismäßigen. Schon im 19. Jahrhundert, mit den Kriegen Napoleons und den auf sie folgenden Gegen-Kriegen, wird der Krieg zum kontinentweiten Handels-, Wirtschafts-, Propaganda- und Volkskrieg. Überlieferte Unterscheidungen von Front und Heimat, Soldaten und Zivilisten werden brüchig. Die Utopie einer „autarken" Kriegführung (mit Berufskriegern, Furagen und Feldlazaretten) löst sich auf. Der revolutionäre Volkskrieg lebt aus dem Land und von bewaffneten Massen, in denen Uniformierte und Freischärler wenigstens zeitweise ununterscheidbar werden. Auch hier wird der – wohl auch im 18. Jahrhundert nur in der Theorie vorhandene! – Typus eines Krieges, in dem der König mit seinen Soldaten im Feld „Bataillen schlägt", während der Bürger weit vom Schuss nichts davon merkt, durch die Tatsachen überholt.[30]

b) Die geschilderte technisch-wissenschaftliche und militärische Dynamik führt im 19. Jahrhundert zu einer neuen (und letzten) Phase *europäischer Expansion*. Sie ist an Stärke nur derjenigen im 15. bis 17. Jahrhundert zu vergleichen, als von Portugal, Spanien, Holland aus der europäische Ausgriff in die Welt begann. Sie folgt aber anderen Zielen.[31] Es kommt im 19. Jahrhundert nicht nur zur Entstehung übergreifender Wirtschaftsräume und politischer Einflusszonen, es kommt zu einer umfassenden Kolonisierung der noch freien Räume der Welt durch westliche, weiße Völker. Unter Führung großer und kleiner Nationalstaaten – Großbritannien, Frankreich, Russland, die Niederlande, Belgien, Italien, denen sich für begrenzte Zeit die USA und nach 1871 dauerhaft das Deutsche

28

Reich zugesellen – entsteht ein fast lückenloses Herrschaftssystem rund um den Globus, das alle weißen Flächen und toten Winkel auf der Landkarte, vor allem in Asien und Afrika, in kurzer Zeit verschwinden lässt. An die Stelle offener, nicht hierarchisch geordneter Verhältnisse in vielen Zonen der Erde treten Systeme der Über- und Unterordnung; Kolonialräume und Kolonialreiche bilden sich heraus, vorbereitet in privaten und unternehmerischen Aktivitäten, wissenschaftlichen Expeditionen, geographischen und technischen Erkundungen. Die Formen der Aneignung sind vielfältig: Handel, Verkehr, technische Erschließung, kulturelle Durchdringung, Verträge, Mandate – bis hin zur kriegerischen Unterwerfung, die meist am Ende steht. Das Tempo steigert sich in der zweiten Hälfte des 19. Jahrhunderts; es erreicht seinen Höhepunkt in dem denkwürdigen Jahrzehnt nach der Berliner Konferenz von 1878, als die Europäer in die letzten freien Zonen der Welt eindringen und sich zu Herren der gesamten Erde machen, ohne dass die Unterworfenen sich ihnen wirksam entgegenstellen können.[32]

Es ist, wie schon bei der ersten Phase in der frühen Neuzeit, ein ganzes Bündel von Kräften, das die europäische Expansion vorantreibt. Friedrich List sah es schon 1834 als verbürgt an, „dass die europäische Cultur sich über den ganzen Erdball verbreiten müsse". Er führte drei Gründe an, „nehmlich 1) die durch neue Erfindungen von Maschinen und Verfahrungsweisen und durch neue Entdeckungen sich fortwährend vermehrende Production an Lebensgüthern, 2) die Vermehrung der Capitale und 3) die fortwährende Vermehrung der Bevölkerung". Mit Blick auf die außereuropäische Welt fügte er hinzu: „Keine von diesen Wirkungen gewahren wir in Asien, wo die Production aus Mangel an Sicherheit des Eigenthums und an Bildung unter den Massen

29

eher rückwärts als vorwärts schreitet, ausgenommen in Ländern, in welchen die europäische Cultur bereits einigermaßen Wurzel gefaßt hat. Wo die Capitale sich verbergen müssen, um nicht geraubt zu werden, können sie sich nicht vermehren. Und wo Production und Capitale sich nicht vermehren, kann auch die Zahl der Einwohner nicht steigen."[33]

Hier klingt der Gedanke an, die europäische Kultur sei allen anderen Kulturen überlegen, ein Argument, das im 19. Jahrhundert in den meisten europäischen Ländern – so sehr sie untereinander um Macht und Einfluß konkurrieren – zum Gemeinplatz wird. Historische und anthropologische Gesichtspunkte werden zur Deutung der Unterschiede zwischen „Zivilisierten" und „Barbaren" bemüht. Die entscheidende Schwelle verläuft, nach dem Denken der Zeit, zwischen technisch begabten und technisch unfähigen Völkern. „Nur im Ackerbau und in den Gewerben haben einige Völker, wie die Chinesen, Japanesen und Indier, bedeutende Fortschritte gemacht, aber auch in diesen sind sie auf einer gewissen Stufe stehen geblieben, weil die geistige und sociale Bildung mit der gewerblichen nicht gleichen Schritt hielt. Je weiter die Menschheit in der Bildung vorwärts schreitet, desto mehr bedient sie sich der Maschinen, um sich Lebensannehmlichkeiten und Lebensbedürfnisse zu verschaffen, desto mehr verrichtet die todte Natur- oder die Thierkraft die Arbeit der Sklaven, oder, wenn man will, auch umgekehrt. In Asien verhinderten Despotismus und Sklaverei die Anwendung dieser Erfindungen, und es giebt ganze Reiche, wie Persien, wo man nicht einem einzigen Wagen begegnet. In andern wird das Getreide noch durch Menschenhände zu Mehl gerieben wie zu Mose's Zeiten."[34]

Bei ihrem Ausgriff in die Welt entdecken die Europäer überall zivilisatorische Ungleichzeitigkeiten. Vorindustrielle

Kulturen mit ihren archaischen Lebens- und Produktions-
weisen finden in ihren Augen kein Verständnis und keine
Gnade. Die alten Maßstäbe der Humanität, die Freude am
Fernen und Exotischen werden im 19. Jahrhundert abgelöst
durch Gesichtspunkte ökonomischer Rationalität und tech-
nischer Effizienz. Längst ist aus dem „edlen Wilden" des
18. Jahrhunderts der Wilde schlechthin geworden – schmu-
zig, faul, kulturell unterlegen, technisch zurückgeblieben,
bald auch rassisch minderwertig.[35]

Das gilt gegenüber Asien, Ozeanien, Süd- und Mittel-
amerika – es gilt in noch stärkerem Maße gegenüber der
afrikanischen Welt. Hier, in Afrika, einem untervölkerten
Kontinent mit geringer Infrastruktur, rudimentären Ver-
kehrswegen und wenig ausgeprägter staatlicher Organisation
spielen die europäischen Mächte rücksichtslos ihre technische und militärische Überlegenheit aus. In knapp zwanzig
Jahren wird Afrika am grünen Tisch bis auf geringe Reste
unter europäische Staaten aufgeteilt. Die Europäer sind
nicht zimperlich im Gebrauch von Gewaltmitteln gegenüber
renitenten Völkern und Stämmen: Ernsthafter Widerstand
wird durch planvolles Vorgehen, militärische Organisation
und die überlegene Feuerkraft der Weißen niedergeworfen.
Ein Kenner afrikanischer Geschichte, John Iliffe, urteilt
über diese Periode wie folgt: „Die Feldartillerie fegte die
eingefriedeten Festungen Ostafrikas und die Verteidigungs-
wälle aus gebranntem Lehm in der Savanne hinweg; bei der
Vertreibung der Tukulor aus Segu hatten die Franzosen nur
einen einzigen Gefallenen zu beklagen. Hatten Abd al-Qua-
dirs Anhänger in den dreißiger Jahren des 19. Jahrhunderts
mit nahezu gleicher Waffenstärke wie die Franzosen ge-
kämpft, so töteten die Briten 1898 im Omdurman mindes-
tens 10.800 Sudanesen; sie selbst hatten nur 49 Tote zu be-

klagen."[36] Gleichgültigkeit gegenüber Opfern unter den Afrikanern und das Gefühl, eine zivilisatorische Mission zu erfüllen, verbinden sich in vielen zeitgenössischen Äußerungen zu einem eigentümlichen fatalistischen Ton, der auf spätere Leser nicht selten peinlich wirkt.[37] Jedenfalls: des „weißen Mannes Bürde" (Rudyard Kipling) schließt in dieser Zeit „Zivilisierung" durch militärische Gewalt und alltägliche Roheitsakte gegenüber Eingeborenen ganz selbstverständlich ein.

Schon immer galten für Europäer in Kolonialgebieten „beyond the line" andere Maßstäbe als in den zivilisierten Heimatländern. Jenseits des Äquators war der Europäer, nach dem klassischen Wort Guillaume Raynals, ein gezähmter Tiger, der in den Wald zurückkehrt. Die koloniale Expansion Europas im 19. Jahrhundert ist ein eindrückliches Postscriptum hinter diese alte Erfahrung. Bedenkt man, dass bei Kriegsende 1918 71.883.000 qkm Gebiet und mehr als 550 Millionen Menschen unter kolonialer Herrschaft standen, also mehr als die Hälfte der festen Erdoberfläche und ein gutes Drittel der Weltbevölkerung,[38] so werden die Quantitäten und Dimensionen dieser kolonialistischen Erfahrung deutlich. Ihre psychologisch-politischen Rückwirkungen auf die europäischen Kolonialstaaten wird man nicht gering einschätzen dürfen, wenn auch das Phänomen des Kolonialismus gewiss nicht auf Massaker, gewalttätige „Pazifizierung" und Inhumanität gegenüber Eingeborenen reduziert werden kann. Es musste aber seine Spuren hinterlassen, dass Gewaltübung gegenüber der einheimischen Bevölkerung in den Kolonien zu einer Normalität wurde, die nur durch innere Mäßigung der Gewaltübenden, nicht aber durch „Gegengewalt" der Unterworfenen (zumindest nicht auf Dauer!) begrenzt wurde. Und in den völkerrechtlichen und parlamentarischen

Debatten der Zeit überrascht die Selbstverständlichkeit und Schnelligkeit, mit der aus der zivilisatorisch-technischen Überlegenheit der weißen Welt ein Herrschaftsmandat über andere Völker auf geringerer zivilisatorischer Stufe[39] und ein Recht, ja eine Verpflichtung zur Zivilisierung der „niederen Rassen" durch die „höheren"[40] abgeleitet wurde.[41]

c) Ob auch der Zug zur Demokratisierung im 19. Jahrhundert neue Gewaltpotentiale schuf (oder alte anwachsen ließ), ist in der Forschung umstritten. Vor deterministischen Konstruktionen muss gewiss gewarnt werden.[42] Doch drei Erwägungen wird man anstellen dürfen: Erstens ist auch die moderne Demokratie – wie alle anderen Staatsformen! – spezifischen Gefahren (der Korruption, des Populismus, des nationalistischen und „bonapartistischen" Missbrauchs) ausgesetzt. Zweitens hat die allmähliche Einbeziehung einer wachsenden Zahl von Menschen in politische Entscheidungsprozesse während des 19. Jahrhunderts neue Rahmenbedingungen für die Politik geschaffen und ein neues Verhältnis von „Masse und Macht"[43] begründet.[44] Am augenfälligsten ist, drittens, der Zusammenhang zwischen der Demokratisierung und dem Anwachsen staatlicher Gewaltpotentiale im militärischen Bereich. Die allgemeine Wehrpflicht als „legitimes Kind der Demokratie" (Theodor Heuss) nimmt dem überlieferten (vom Absolutismus geschaffenen) *miles perpetuus* endgültig seinen „gouvernementalen" Status, erhöht die Zahl der Soldaten, steigert die Aktionsfähigkeit und Reichweite der Armeen und macht sie überhaupt zu etwas Neuem – zu einem „Volk in Waffen". In den modernen Revolutionen erobert das Volk den Staat. Es muss daher umgekehrt auch das Handeln des Staates gegen sich gelten lassen; für Angriffe, Siege, Kriegsgräuel, Niederlagen wird es nun mitverantwortlich. Darin ist eine Tendenz zur Entgrenzung, zur „Totalisierung" angelegt, zur Aufhebung privater Friedensräume, zur Ausweitung der Kriegshandlungen über den begrenzten Krieg hinaus, bei dem der Einsatz kalkuliert wird – hin zur Einbeziehung aller Kräfte in die militärische Dynamik, zur ideologischen und propagandistischen Zuspitzung.[45]

John Keegan hat darauf hingewiesen, dass die Armeen aller Staaten vor Einführung der allgemeinen Wehrpflicht nur einen winzigen Teil der Bevölkerung umfassten. „In Frankreich waren es 156.000 Mann im Jahre 1789 bei einer Gesamtbevölkerung von 29,1 Millionen. Durch die allgemeine Wehrpflicht hatte sich die Zahl der Soldaten bis 1793 auf 983.000 erhöht. Wir wissen auch, dass die Verluste bei Schlachten nur in Ausnahmefällen mehr als zehn Prozent der Beteiligten betrugen. Schließlich ist bekannt, dass Schlachten auch im Krieg sehr selten waren … Dies alles lässt den Schluss zu, dass die Nachricht vom Tod eines Angehörigen in einer Schlacht bis zum 19. Jahrhundert eine relativ seltene Familientragödie darstellte. Die napoleonischen Schlachten, in denen jeweils ebenso viele Soldaten kämpften, wie der gesamten Armee des Ancien régime angehört hatten, führten zur Häufung solcher Tragödien. Napoleon verlor 1812 bei Borodino, seinem Pyrrhussieg vor den Toren Moskaus, 28.000 von 120.000 Mann. Bei Waterloo, der ersten Schlacht, die mit genauen statistischen Methoden untersucht werden kann, verlor er 27.000 von 72.000 Mann, Wellington dagegen 15.000 von 68.000."[46]

Im 19. Jahrhundert steigen die Zahlen an. Im amerikanischen Sezessionskrieg sterben innerhalb von vier Jahren 200.000 Soldaten in Schlachten, bei einer Bevölkerung von 32 Millionen; weitere 400.000 gehen infolge von Krankheiten oder Entbehrungen zugrunde. Einen Quantensprung an Verlusten signalisieren die Zahlen des Ersten Weltkriegs. In ihm treffen demokratisierte Armeen aufeinander, die „von der Basis bis an die Spitze aus Vertretern aller gesellschaftlichen Schichten" zusammengesetzt sind.[47] Die Krankheiten – früher Ursache der meisten Todesfälle im Krieg – sind überwunden. Gesunde, gut genährte Rekruten bilden den Kern der riesigen Volksheere. Inzwischen ist die Feuerkraft von Handfeuerwaffen und Maschinengewehren und der sie unterstützenden Artillerie in einem halben Jahrhundert auf das Vielfache gewachsen. Das Prinzip „Jeder Mann ein Soldat" gerät unter den gewaltigen Belastungen des Krieges rasch an seine Grenzen. „Verlustraten von zweihundert bis dreihundert Prozent bei der Infanterie sowie Millionen von Toten mussten den Kampfgeist einer Nation erschüttern. Im November 1918 hatte Frankreich bei 40 Millionen Einwohnern 1.700.000 junge Männer verloren, Italien von 36 Millionen 600.000; die Verluste des britischen Empire betrugen eine Million, davon 700.000 unter den 50 Millionen Einwohnern der Britischen Inseln."[48] Deutschland verliert mehr als zwei Millionen Menschen bei einer Vorkriegsbevölkerung von mehr als 70 Millionen.

d) Die Gewaltpotentiale des modernen Staates zeigen sich am sichtbarsten und nachdrücklichsten in der neuen Gestalt des Krieges. Theoretisch stand schon im 19. Jahrhundert das ganze Arsenal der Kriegselemente des 20. Jahrhunderts bereit: Die Einbeziehung der Volksmassen, die Ausdehnung der Kriegführung in die Bereiche des Handels, der Wirtschaft, der Kultur, ihre revolutionäre Umgestaltung durch Technik und Verkehr, Schnelligkeit und Massenkommunikation. Doch es bleibt ein Kennzeichen des „langen" 19. Jahrhunderts – nach der Erfahrung der napoleonischen Kriege –, dass es in dieser Zeit zu größeren „globalen" Verdichtungen und Ausbrüchen nicht kommt: Die Staaten aktualisieren ihr

gesteigertes Gewaltpotential nur temporär (in relativ „kurzen"
Kriegen); und sie entwickeln ungehemmte Gewaltübung nur
regional (vor allem gegenüber strukturell unterlegenen Völkern in kolonialen Kriegen). Noch bleiben die Visionen der
„totalen Mobilmachung" und die Entwürfe einer „planetari-
schen Herrschaft", die das Zeitalter der Gesellschaftsverträge
und der liberalen Demokratien ablösen soll,[49] im Hintergrund.
Sie nehmen erst im 20. Jahrhundert Gestalt an – in jenen Ge-
waltakkumulationen, die sich von der Mobilmachung von
1914 bis zu den staatlichen Interventionen im Zuge der Wirt-
schaftskrise von 1929 entwickeln und die dem Staat eine neue,
größere, in der Tendenz „totale" Macht zuführen.

Präsent und wirksam ist das globale, „planetarische" Element freilich schon im 19. Jahrhundert. Darauf weisen nicht
nur die eingreifenden, die Oberfläche der Erde verändernden
Wirkungen der Technik in vielen Ländern hin – von Bahn-
gleisen, Tunnels, Viadukten bis zu Flussbegradigungen, Ka-
nal- und Hafenbauten und zum „Durchstich" ganzer Kontinente (Suezkanal und – Anfang des 20. Jahrhunderts –
Panamakanal) samt den Reflexen dieser Vorgänge in Dichtung, bildender Kunst und Musik der Zeit.[50] Ein Beispiel
für viele ist Goethe. In seinem *Faust* ist der in die Welt ausgreifende, alle Grenzen überschreitende Impetus des
19. Jahrhunderts deutlich zu spüren. Naturwissenschaft und
Technik, industrielle Revolution, Kolonialismus und Imperialismus sind in vielen Einzelheiten gegenwärtig. Faust erscheint im vierten Akt von *Faust II* als Militärberater und
Schlachtenlenker, im fünften Akt als Regent und Kolonisa-
tor. Von Raumgewinn und Welterschließung handeln seine
letzten Worte und Taten.[51] Goethe hat sich im Alter einge-
hend mit der Gründung von Bremerhaven beschäftigt. Hier
handelte es sich – ähnlich wie im fünften Akt von *Faust II* –

um einen wegen des Tiefgangs der Schiffe weit vor die Tore der alten Stadt hinausverlegten Hafenbau. Auch die „globalen" Kanalbauprojekte der Zeit, die erst viel später realisiert wurden (Suez, Panama, Rhein-Donau) haben Goethe fasziniert: In einem Gespräch mit Eckermann vom 21.2.1827 wünschte er sich, diese „drei großen Dinge" noch zu erleben, und meinte, „es wäre wohl der Mühe wert, ihnen zu Liebe es noch einige funfzig Jahre auszuhalten".[52]

Auch die Sprache passt sich den neuen erdumspannenden Dimensionen an: Die Begriffe Erde und Welt verschmelzen miteinander;[53] Komposita mit „Welt" machen die Runde, wobei sich die Akzente vom Theologischen und Philosophischen zu Handel, Ökonomie und Politik verschieben.[54] In der lexikalischen und staatsrechtlichen Literatur nach 1850 taucht eine ganze Armada von Welt-Wörtern auf: Weltpolitik, Weltökonomie, Welthandel, Weltmacht, Weltreich, Weltstraßen, Weltschutz, Weltsorge usw.[55] 1851 findet in London die erste Weltausstellung statt. 1894 erneuert Athen auf Anregung Baron de Coubertins die antike Tradition der Olympischen Spiele als Fest für die Jugend der Welt. Aber deutlicher sind zu Ende des 19. Jahrhunderts die militanten Töne: Alte und neue Kolonialmächte fühlen sich hineingerissen in einen Wettstreit um Macht und Einfluss, bei dem es um nichts Geringeres geht als um die Weltherrschaft. „Ce sont des continents que l'on annexe, c'est l'immensité que l'on partage", sagt Jules Ferry 1890.[56]

Die angehäuften Gewaltpotentiale explodieren 1914. Das 20. Jahrhundert wird zu einer singulären Epoche der Gewalt. Weltweit steigern sich die Zerstörungskräfte zu einer bis dahin kaum gekannten Intensität. In zwei Weltkriegen wandelt sich die bisherige „konventionelle" militärische Gewaltanwendung zu technisierter Massenvernichtung.[57] Dies gilt sowohl gegenüber Kombattanten wie gegenüber Nichtkombattanten, die vor allem im Zweiten Weltkrieg zu Land und aus der Luft umfassend in Kampfhandlungen einbezogen werden: Leningrad, Coventry, Dresden, Hiroshima. Innerhalb und außerhalb von Kriegen werden ganze Völker und Volksgruppen im 20. Jahrhundert zu Opfern von Massakern, „ethnischen Säuberungen", Genozidien.[58] Und in den riesigen Lager-Welten der totalitären Regime erreicht die Entmenschlichung und Animalisierung „politischer Feinde", ihre Verwandlung in „Schädlinge", die man ungehindert liquidieren darf, ihre „Vernichtung durch Arbeit", endlich ihre fabrikmäßige Massentötung (Kulmhof, Belzec, Sobibor, Treblinka, Auschwitz-Birkenau) einen schauerlichen Höhepunkt.[59]

3. Fehde und Friede – ein Blick in die Zukunft

Ein Skeptiker könnte sagen: Die Menschheit hat mit der staatlichen Einhegung der Gewalt nur einen schlechten Tausch gemacht. Denn die Gewalt ist keineswegs verschwunden. Einzig die Bedrohungspotentiale haben sich verlagert. Zweifellos war der Einzelne in vordemokratischen Verhältnissen, in Zeiten von Faust und Fehde, als noch keine innerstaatliche Friedensordnung existierte, im Alltag mehr von Gewalt bedroht als in späteren Zeiten. Potentiell war er rings vom Tod umgeben – nicht nur durch die noch ungezähmten Naturkräfte, sondern auch durch Überfälle, Fehdehandlungen, Selbsthilfe anderer Menschen. Tatsächlich aber verteilte sich das Risiko, weil die Todesdrohung jeweils nur punktuell war und nur einen kleinen Kreis erfasste.

Das ändert sich grundlegend mit dem modernen Staat: Mit ihm und seiner umfassenden Rechts- und Friedensordnung wird ein weit größerer Kreis von Menschen in seiner Sicherheit *nach innen* geschützt; aber zugleich werden Millionen von Menschen in Staatenkriegen – möglichen Weltkriegen – *von außen* in eine kollektive Todesdrohung einbezogen.[60]

Welche Naturereignisse früherer Zeiten hätten in kurzer Zeit so viel millionenfachen Tod verbreitet wie die entfesselte Gewalt moderner Waffen in zwei Weltkriegen? Welche Fehdehandlung, welcher Feldzug der Rache und Selbsthilfe hätte ähnliche Hekatomben von Opfern gefordert wie die Belagerungen von Verdun, Leningrad, Stalingrad, die Atombomben auf Hiroshima und Nagasaki? Und wie viele Menschen in Familien und Sippen hätten dem Gesetz der Rache so bedingungslos Gefolgschaft geleistet, wie Kombattanten und Zivilisten in modernen Kriegen sich in Front und Heimatfront einreihten, „weil es sein musste" und weil es keine Alternative gab?

Soweit bekannt, haben in zwei Weltkriegen nirgends, bei keiner der Kriegsparteien, Mütter für ihre Söhne gegen den Krieg führenden eigenen Staat demonstriert – wie dies in jüngster Zeit, von Vietnam bis Tschetschenien und bis zum Kosovo, immer häufiger geschah. Wenn im Ersten Weltkrieg bretonische Soldaten, der Befehlsverweigerung angeklagt, vor französischen Kriegsgerichten argumentierten, sie verstünden, aus einer alten Landschaft kommend, ja noch nicht einmal die Sprache ihrer Offiziere, die Sprache des Nationalstaats; wenn sizilianische Bauern in ähnlichen Situationen darauf abhoben, sie seien doch mit dem König gar nicht verwandt, wie könnten sie dann seine Kriege führen – dann war dies nur ein ohnmächtiges Echo aus einer älteren Welt. Selbst in dem an Martyrern so reichen 20. Jahrhundert blieb ein Wehrdienstverweigerer aus Gewissensgründen wie der österreichische Bauer Franz Jägerstätter eine Ausnahme unter den Widerstandskämpfern aus christlichem Geist; erst aus langem Abstand wird er heute als Prophet künftiger Entwicklungen angesehen.

So wäre Gewaltminderung und Aufrichtung von Frieden und Recht nur eine Selbsttäuschung gewesen, und die Kirchenliedzeile aus der Zeit der Landfrieden – „nun ist groß Fried ohn Unterlaß; / all Fehd hat nun ein Ende" (1539) – wäre nur die verzweifelte Beschwörung eines Ideals? Krieg und Gewalt blieben immer ein Teil der Politik – und der Gedanke des Ewigen Friedens wäre, gemäß den Worten jenes preußischen Generals, „ein Traum und nicht einmal ein schöner"?

Die Frage einfach zu bejahen wäre zynisch: Den Hoffnungen auf eine langsame Überwindung ungezügelter Gewalt, den Hoffnungen auf die „schlummernde moralische Anlage des Menschen" (Kant) wäre damit schlechthin der Boden entzogen. Ihr aber ein rein moralisches oder ideologisches Nein entgegenzusetzen wäre ebenso unangemessen, solange die Ursachen nicht untersucht sind, die immer wieder zum Rückfall in die Gewalt führen. Sie liegen gewiss, anthropologisch betrachtet, in der animalischen Natur des Menschen, jenem Teil, den der Mensch mit dem Tier teilt; das Stichwort Aggression ist ja in aller Munde. Aber sie liegen *nicht nur* in ihr. Gewalt entsteht nicht nur aus Aggressionstrieb, sie ist nicht nur ein atavistisches Überbleibsel unserer animalischen Herkunft – sie entsteht zugleich in der geistigen, der moralischen Sphäre des Menschen. Da ist die Reaktion gegen verletztes Recht; da ist das Sich-Aufbäumen gegen Unterdrückung; da sind die Verzweiflungstaten derer, denen auf andere Weise keine Gerechtigkeit werden will; da ist Gewalt als *ultima ratio* nicht nur äußerer, sondern moralischer Selbsterhaltung. Da ist aber auch der reine Kraftausbruch, die regellose Destruktivität, die Lust, seine Überlegenheit auszuspielen (oder eigene Schwäche durch List zu kompensieren); da sind Bosheit und Zerstörungslust, ja der Wille zur Auslöschung des Gegners. Da sind die ermächtigenden und entlastenden Ideologien von gestern: der Kommunismus, der die Gewalt auf den Namen der Geschichte taufte, der Faschismus, dem „gefährlich leben" ein Synonym für menschliche Selbstentfaltung war, der Nationalsozialismus, der im Namen von Rasse und Blut tödliche Gewalt gegen die Fremdblütigen, die Andersartigen sanktionierte. Da ist – unheimlicher Zuwachs aus jüngster Zeit – Gewalt im Namen der Religion, da sind zu allem entschlossene, ihr eigenes Leben nicht schonende Glaubenskrieger, die sich auf religiöse Weisungen, auf „Befehle Gottes" berufen. Und da ist, alles umschließend, die „Währung der Gewalt" im Medienzeitalter, der Wille, globale Aufmerksamkeit durch weltweit sichtbare Anschläge zu erzielen – Gewaltriten, zelebriert auf der Bühne kosmischer Auseinandersetzungen, globale Machterfahrungen, die auch den „Verdammten dieser Erde" – und gerade ihnen – zugänglich sind.

Ein so breites und diffuses Gewaltspektrum verlangt genauere Analysen. Längst verlaufen die Fronten nicht mehr so einfach und übersichtlich wie in der frühen Neuzeit: hier die ungezügelte Gewalt der Einzelnen, das Faustrecht – dort die humanisierende Kraft rechtlicher Zügelung durch den Staat. Gewalt ist in der Gegenwart ein vielgesichtiges Phänomen.[61] Es gibt verschiedene Wege in die Gewalt – von oben wie von unten. Es gibt Terror von Einzelnen, aber auch Terror von Staaten. Wer sich Gedanken macht, wie eine dauerhafte Friedensordnung unter heutigen Umständen aussehen könnte, darf sich keine Illusionen machen und keinem Wunschdenken verfallen.

Nach 1945 fiel die Welt nicht einfach in das gerade überwundene Zeitalter der Gewalt zurück. Freilich, auch die

Hoffnungen auf eine stabile, von allen Staaten oder zumindest von den führenden Mächten getragene internationale Ordnung erfüllten sich nicht – so wenig wie nach dem Ersten Weltkrieg. Paradoxerweise wurde dann von den fünfziger bis in die siebziger Jahre hinein der Ost-West-Gegensatz zum wichtigsten Bezugspunkt der internationalen Politik: Er hielt die immens gesteigerten technischen Kräfte der Zerstörung in Schach, da ein Atomkrieg der Weltmächte nur mit wechselseitiger Selbstvernichtung enden konnte. Unter dem Druck der weltpolitischen Polbildungen vollzog sich nicht nur die Aufteilung der Welt in Blöcke und Bündnisse (und bündnisfreie Zonen) – auch der riskante Prozess der Entkolonisierung ging ohne wesentliche Störung des globalen Gleichgewichts vonstatten – wenn man vom weiteren Machtverlust des ohnehin geschwächten Europa absieht.

Als diese bipolare Ordnung 1989/90 zerbrach, trat keine andere an ihre Stelle. Gewiss, die Vereinten Nationen gewannen infolge der neuen Gegebenheiten eine begrenzte Handlungsfreiheit zurück. Aber zu einer gestaltenden Rolle in der Weltpolitik reichte das nicht aus. Besonders dort, wo der Staat schwach war (wie in großen Teilen Afrikas südlich der Sahara), blieben auch die Blauhelme machtlos und mussten sich bald vor den *warlords* als den siegreich vordringenden Erben der zerfallenden Staatlichkeit zurückziehen.

Von der heutigen Welt kann man einstweilen nur sagen, dass sie eine multipolare Welt ist, dass es „den Osten", aber auch „den Westen" im alten Sinne nicht mehr gibt. Neben der einzig verbliebenen Weltmacht, den USA, treten gegenwärtig und in Zukunft andere Mächte hervor: Russland, China, Japan, Indien, die arabische Welt – und nicht zuletzt Europa.

Rund um den Erdball sind gegensätzliche Tendenzen wirksam: auf der einen Seite ein globaler Wettbewerb, der die Dynamik der Einen Welt verstärkt, aber zugleich den Nationalstaat und seinen Wohlfahrtsverbund relativiert; auf der anderen Seite das neue Gewicht der Kulturen (Religionen, Sprachen), die in der globalen Welt von heute das Eigene, Widerständige, nicht Einschmelzbare verkörpern. Zwischen beiden Tendenzen – der wirtschaftlichen Globalität und dem Rückzug auf kulturelle Identitäten – scheint der *Staat* weltweit auf dem Rückzug zu sein. Die Kapital- und Handelsströme, der Verkehr, die Medien, die Computerkultur – das alles geht ebenso über ihn hinweg wie die religiösen und kulturellen Strömungen, die längst übernationale, interkontinentale Züge tragen. Dem Staat bleiben, so scheint es, in der globalisierten Welt nur die Aufräumarbeiten, die Ausgleichsmaßnahmen, die Kompensation möglicher Verluste übrig. Für mehr – vor allem für die immer schwierigere Gewaltabwehr nach drinnen und draußen – sind seine Kräfte bereits jetzt in vielen Ländern zu schwach.

In dieser Situation war der Anschlag auf die „Twin Towers" in New York am 11. September 2001 der blutige Auftakt einer neuen Zeit. Es war die erste globalisierte Fehdeansage der Geschichte. Das Faustrecht meldete sich zurück – vor den Augen einer beklommenen Weltöffentlichkeit. Und es war kein Staat, der den Fehdehandschuh warf. Die 19 Selbstmord-Attentäter traten nicht – wie die Japaner beim Überfall auf Pearl Harbor – im Namen einer politischen Gemeinschaft auf. Amerika wurde nicht als Staat angegriffen, sondern – wenn man den Erklärungen bin Ladins und anderer folgt – weil es eine Lebensweise verkörperte. Ihm wurde nicht der *Krieg erklärt*, es wurde *im Namen Gottes bestraft*.

Seither „ist nichts mehr, wie es war". Man muss sich im Leben der Völker auf eine gänzlich neue Situation einstellen. Bisherige Kriege waren Staatenkriege. Sie setzten Staaten als

Kontrahenten voraus. Wie aber, wenn die Bedrohung gar nicht mehr von einem Staat, einem Territorium ausgeht, sondern von einem weltweit verzweigten Netz? Geht dann mit dem Staat auch der Krieg im alten Sinne unter? Tritt der reine Terror an seine Stelle – Gewalt ohne Hintersinn, Vernichtung als Programm? Nutzt dann noch die Abschreckung? Wen soll sie treffen? Was soll sie bewirken gegen einen Terror, der kein Territorium hat, der von „Schläfern" in den Ruheräumen der westlichen Welt getragen wird?

Wege *in die Gewalt*: das ist eine lange, eine verwickelte Geschichte. Wege *aus der Gewalt*: hier gilt das Gleiche, nur noch in höherem Maß. Historisch führt der Weg – wir haben es gesehen – vom gewaltübenden Einzelnen zum Staat, von Faust und Fehde zu Gericht und Polizei. Es ist ein Weg zivilisatorischer Höherentwicklung – bei allen Gefahren, denen der Staat dann unterliegt, wenn er seinerseits mächtig und manchmal übermächtig wird. In der heutigen Situation freilich erscheint es mir nicht zweifelhaft, dass man den Staat wiederherstellen und stärken muss, national wie international, wenn man der Herausforderung des Terrorismus nicht erliegen will. Denn gerade in den „zerstörten Staaten", in den „entités chaotiques ingouvernables" wuchert die Gewalt – gerade diese Länder üben eine magnetische Kraft auf die Drahtzieher des internationalen Terrorismus aus.[62]

Gewiss, die europäischen Erfahrungen können nicht im Maßstab 1:1 in die globalisierte Welt übertragen werden. Aber eines dürfte aus der wechselvollen Geschichte der Gewaltabwehr im Abendland doch zu lernen sein: Der Staat setzt sich gegen die starken Kräfte psychischer Unmittelbarkeit, in denen die Selbsthilfe wurzelt, nur dann durch, wenn er das Recht befestigt und den Frieden sichert – und beides dauerhaft. Rechtsstaatliche Gefahrenabwehr *und* der Blick auf eine dauerhafte Friedensordnung, die aus Gerechtigkeit erwächst, sind daher unentbehrlich beim notwendigen *Kampf* – ich sage ungern *Krieg* – gegen den Terrorismus. Das Spiel Macht gegen Macht dagegen, ohne Ideen, einzig nach dem Motto „Am Ende sind wir doch die Stärkeren!", führt nur in neue Sackgassen der Gewalt.

Heute, im Zeitalter der Globalisierung, sind auch die zerstörerischen Kräfte weltweit aktiv. Auch das Verbrechen hat sich globalisiert. Und angesichts des aufgehäuften (und kaum verminderten) atomaren Vernichtungspotentials hat sich die Gefahr möglicher Selbstauslöschung über die ganze Menschheit hin ausgebreitet. Mit dem Fortschritt zur Einheit der Menschheit wächst auch die Gegenwart des Todes, der den Menschen von Anfang an auf seinem Weg begleitet. Diesem Tod werden wir nur entgehen, wenn wir in uns selbst die Versuchung zur Kainstat am Nächsten überwinden und dem Willen zur kollektiven Vernichtung in geduldiger Arbeit Räume des Friedens abringen – dauerhafte Räume, in denen der Mensch zu wohnen vermag.

III. Religionsähnliche Elemente in totalitären Systemen

Bolschewismus, Faschismus, Nationalsozialismus: das schienen bis vor kurzem ausschließlich politische Phänomene zu sein. Und so war es ganz natürlich, dass sich vorwiegend Historiker, Soziologen, Politikwissenschaftler, Juristen mit ihnen beschäftigten. Akten wurden ediert, Theorien entwickelt, Kongresse veranstaltet, ein Bild der Zeit von 1917 bis 1945 (und später bis 1989) entstand, ohne dass dabei der Gesichtspunkt Religion eine besondere Rolle gespielt hätte. Gewiss, es gab die kirchliche Zeitgeschichte. Im Rahmen der Erforschung des Faschismus und Nationalsozialismus, später des Kommunismus wurden auch die kirchlichen und religiösen Verhältnisse untersucht. Aber das war eine – wenn auch wichtige – Nebenstimme im Konzert der Forschung. Das Schicksal der Kirchen im NS-Staat wie im Kommunismus war ein Sonderbereich, ebenso zu erforschen wie andere Bereiche, wie Wirtschaft, Kultur, Schule, Familie. Aber das Thema „Religion" prägte nicht den methodischen Zugriff auf die NS-Zeit. Es lag am Rande, nicht im Zentrum.

Das hat sich spätestens seit den siebziger Jahren des 20. Jahrhunderts geändert. Seitdem der Holocaust in den Vordergrund zeitgeschichtlicher Forschung trat und damit etwas, was schon dem Wortsinn nach in die religiöse Sphäre verwies – „Brandopfer" als die ursprüngliche Bedeutung von „Holocaust" –, seither werden Religion, Kult, Fest, Feier, Glaube, Gläubigkeit, der Wahrheitsanspruch moderner Ideologien, ihr Zugriff auf den „ganzen Menschen", ihr Ausschließlichkeitscharakter mit besonderer Aufmerksamkeit betrachtet und mit neuem Interesse untersucht. Das gilt nicht nur für die Faschismus- und Nationalsozialismus-Forschung, die dieses Phänomen nie ganz aus den Augen verloren hatte, es gilt auch für die Erforschung des Sowjet-Kommunismus. So war Solschenizyns Abrechnung mit Ideologie und Praxis des Kommunismus vom *Tag im Leben des Iwan Denissowitsch* bis zum *Archipel GULAG* und bis zum *Roten Rad* begleitet von der ständigen Auseinandersetzung mit religiösen Fragen, insbesondere mit Vergangenheit und Gegenwart der russischen Orthodoxie.[63] Der Archipel Gulag, das System der sowjetischen Konzentrations- und Vernichtungslager, die Massenvernichtung der ukrainischen Bauern, der millionenfache Mord an politischen Feinden durch Erfrieren- und Verhungernlassen oder durch permanente Schwerstarbeit, solches erklärt sich nach Meinung Solschenizyns nicht einfach aus politischem Kalkül oder aus Staatsräson. Säuberung wird hier vielmehr zu einem Prozess der Menschenvernichtung, der bewussten und gewollten Annihilation.

Daniel Suter hat die Bilder untersucht, die in den Säuberungsprozessen in der Sowjetunion und im kommunistischen Ostblock in der Nachkriegszeit immer wieder gebraucht wurden – Ausrottung, Zerschmetterung, Auslöschung.[64] Mit der leiblichen Zerstörung soll auch der Name und das Andenken des politischen Feindes ausgetilgt werden. Aber ebenso regelmäßig folgen auf die Bilder der ewigen Finsternis, des Dunkels und des Vergessens Bilder der Sonne und des Lichts. Ein Zitat aus einem Moskauer Prozessbericht in den großen Säuberungen 1938: „Aber über uns, über unserem glücklichen Land wird nach wie vor unsere Sonne mit ihren hellen Strahlen klar und freudig leuchten. Wir, unser Volk, werden nach wie vor, geführt von unserem geliebten

Führer und Lehrer – dem großen Stalin – den vom letzten Schmutz und Unrat der Vergangenheit gesäuberten Weg gehen, vorwärts und immer vorwärts, dem Kommunismus entgegen."[65] Der ewigen Finsternis, aus der der Feind auftaucht und in die er wieder hinabgestoßen wird, stellen die Ankläger die lichte Zukunft der Getreuen und Rechtgläubigen gegenüber, die sich unter der Führung des „guten Hirten" – auch diese Bezeichnung taucht auf – Schritt für Schritt dem Paradiese nähern.

Auch in der chinesischen Revolution unter Mao Tsetung[66] ging es nicht einfach um eine andere politische Ordnung – etwa darum, das Reich der Mitte in seiner alten Geltung wiederherzustellen. Die Führer des neuen China verstanden sich vielmehr als Werkzeuge eines säkularen geschichtlichen Umbruchs, der die bisherige Herrschaft der Sippengewalten, der lokalen und regionalen Schutzgötter überwinden und eine klassenlose Gesellschaft, einen paradiesischen Endzustand hervorbringen sollte. Schon seit dem „Langen Marsch" wurde Mao in Bildern, Gedichten, gebetsähnlichen Anrufen zum neuen Messias stilisiert, unter dessen Führung die „finsteren Mächte" vernichtet und „Himmel und Erde in Bewegung" versetzt werden sollten. Wer sich dem neuen Über-Kaiser entgegenstellte, dem wurde der Prozess gemacht. Im besten Fall hatte er unter einem Schandhut zu beichten und Besserung zu geloben.

Die Ähnlichkeit solcher Zeugnisse mit religiösen Sprech- und Denkweisen ist offenkundig. Ebenso klingen in den Worten der Angeklagten Gewissenserforschung, Sündenbekenntnis, Reue und Zerknirschung an. Außenstehende dürften sich an Szenen aus dem kirchlichen Leben erinnert fühlen – an Vorgänge der Aufnahme in die Gemeinschaft der Gläubigen, der Katechese und Glaubensprüfung, der Einweihung in die

Mysterien der Kirche, aber auch der Ausschließung unbußfertiger Kirchenmitglieder, der Exkommunikation von Renegaten und Ketzern. Erinnerungen an dunkle Kapitel der Geschichte werden wach, an Inquisition und Ketzerprozesse, an Glaubenszwang und Religionskriege.[67]

1. Kommunismus, Faschismus, Nationalsozialismus

Dass religionsähnliche Phänomene sowohl im russischen Kommunismus wie im italienischen Faschismus und im deutschen Nationalsozialismus vielfältig auftauchen, ist offenkundig und bedarf kaum der Nachweise. München mit seinem Marsch des 9. November, mit seinem ewigen Feuer an der Feldherrnhalle, aber auch das Nürnberg der Reichsparteitage, das Berlin der Sporthallen-Kundgebungen bieten Beispiele und Belege aus unserem Erfahrungsbereich für einen quasi-religiösen, jedenfalls mit religiösen Formen spielenden und experimentierenden öffentlichen Kult.

„Bei der Wahl der Formelemente", hat Hans-Günter Hockerts geschrieben, „bediente sich der braune Kult im Repertoire sehr verschiedener Traditionen. Massenaufmarsch und Gedenkumzug, Chöre und Musik, Appell und Gelöbnis, Fahnen, Fackeln, Feuerschalen, was immer Wirkung versprach, verleibte er sich ein. So entstand ein Ritualgemisch, das Anleihen bei der christlichen Liturgie mit militärischen und folkloristischen Traditionen verband. Dazu kamen Übernahmen aus dem Formenkreis der Jugendbewegung, der Operndramaturgie (Richard Wagner) und der antiken Mythologie. Besonders eng verband sich der NS-Kult mit jener Traditionslinie nationaler Gedenk- und Feiertage, die – wie der ,Sedanstag' – im Zeichen der ,Nationalisierung der

49

Massen' (George L. Mosse) zur Verherrlichung von Kampf, Krieg und Heldentod entstanden war. Aber man griff auch auf die vielfach pompöse Festkultur der Arbeiterbewegung und das Propaganda-Arsenal der politischen Linken zurück. Die Anverwandlung des 1. Mai als Feiertag der ,nationalen Arbeit' ist dafür das deutlichste Beispiel."[68]

Am 9. November 1923 beendete eine Gewehrsalve der bayerischen Landespolizei den so genannten Hitlerputsch an der Feldherrnhalle. Drei Polizisten und 14 Putschisten wurden getötet. In panikartiger Flucht lief der Zug der Hitleranhänger auseinander. Zwei weitere Putschisten kamen bei der von Ernst Röhm angeführten Besetzung des Wehrbereichskommandos an der Ecke Schönfeldstraße/Ludwigstraße – heutiges Bayerisches Staatsarchiv – ums Leben.

„Den Tod dieser Sechzehn machte Hitler zum Mysterium. Er stilisierte den 9. November zum weihevollsten Tag und die Feldherrnhalle zum heiligsten Ort des braunen Kults … Anfangs konnte man von ihm noch umständliche Begründungen hören wie die, der Putsch sei eine notwendige Bedingung für den anschließenden Legalitätskurs der Partei gewesen, dieser wiederum eine Voraussetzung für den Erfolg von 1933. Die pompösen Feiern von 1935 an streifen solche Rechtfertigungen völlig ab. Seither rückte der ,Opfertod' der 16 ,Blutzeugen der Bewegung' wie ein ,Passionsspiel' (Hans-Jochen Gamm) in das Zentrum der ,nationalsozialistischen Heilsgeschichte' (Klaus Vondung). An keinem anderen Feiertag treten die Züge einer ,politischen Religion' so deutlich hervor. Der 9. November wurde zum Angelpunkt einer Auferstehungs- und Erlösungsdramaturgie, deren Stoff die deutsche Geschichte war.

Das Ritual entstand zwischen 1933 und 1935. Im November 1933 wurde an der zur Residenz gewandten Seite der Feldherrnhalle, wo der Zug 1923 gestoppt worden war, ein Mahnmal errichtet – eine schwere, von Hakenkreuz und Reichsadler überwölbte Bronzetafel mit den Namen der im ‚Glauben an die Wiedererstehung ihres Volks‘ gefallenen Sechzehn. Seither hielt ein Doppelposten der SS hier ständig Ehrenwache. Alle Passanten spürten den Erwartungsdruck, den Arm zum Hitlergruß zu heben."[69] Diejenigen, die das nicht wollten, konnten durch die Viscardigasse gehen, das kleine Sträßchen, das in der NS-Zeit Drückeberger-Gässchen hieß. Hermann Lenz hat das in seinem Buch *Neue Zeit* (1975) plastisch geschildert.[70]

In der Folgezeit entwickelte sich rings um den 9. November eine regelrechte politische Liturgie: die von Feuerpylonen erhellte Ludwigstraße, durch die Hitler um Mitternacht fuhr, die mit blutrotem Tuch ausgeschlagene Feldherrnhalle mit den in Sarkophagen aufgebahrten Toten, der Zug der „Alten Kämpfer" hinter der „Blutfahne", das Totengedenken mit Aufruf der Namen der Gefallenen, die Kranzniederlegung durch Hitler am Mahnmal, der zum „Altar" ausgestalteten Feldherrnhalle. Seit 1935 wurde der Zug ausgeweitet. Zum Mittelpunkt wurde jetzt der Königsplatz. Dort wurde das Zeremoniell des „Letzten Appells" entfaltet. Die Toten bezogen in den für sie erbauten Ehrentempeln die Ewige Wache. Hitler trat in die Tempel ein, um seine toten Kameraden mit dem Kranz der Unsterblichkeit zu schmücken.

Ein kurzer Blick nach Rußland. Hier hat sich die bolschewistische Religionspolitik früh gegen die orthodoxe Kirche gewandt, und die erste gewalttätige Reaktion, von der wir wissen, war die, dass man Gräber und Schreine öffnete und Reliquien vernichtete. Die Zerstörung und Zerstreuung der toten Gebeine sollte die Unhaltbarkeit der Religion erweisen. Seit jeher hatte in Rußland ja die Verehrung des unverwesten

Heiligenkorpus eine große Bedeutung. „Diesen alten Glauben wollte man nun als einen besonders perversen Bestandteil der ohnehin unsinnigen Religion decouvrieren und zerstören. Die Gottlosen-Bewegung machte entsprechende Propaganda. In einer deutschsprachigen Radiosendung des Moskauer Gewerkschaftssenders Weihnachten 1930 wurde ein ‚Spaziergang durch das antireligiöse Museum' gesendet und dabei folgendes beschrieben: Nun kamen wir in die Abteilung ‚Die Kirche in der Sowjetunion'. In der Ecke eines Saales befanden sich Reliquien, Totenreste. Dieses Wort wurde bei uns zum Symbol der allerekelhaftesten und gemeinsten Lüge, die die würdigen Kirchenväter zur niedrigsten Ausbeutung der Menschheit gebraucht haben. Wir besichtigten diese Reliquien mit Ekel … Auf dem Platz vor dem Museum atmete ich auf … als hätte ich mich aus dem Reich der Finsternis entfernt. Der laute Lärm Moskaus, die bewegte Twerskaja, energische Menschen, das sind unsere Wirklichkeiten, in denen wir leben, in denen wir ohne Heilige, ohne Reliquien und ohne Weihrauch vorwärts schreiten."[71]

Es entbehrt nicht der Ironie, dass die Bolschewisten, als sie daran gingen, das Gedenken an die Revolution zu verewigen, auf die Formen des Reliquienkults zurückgriffen, indem sie Lenin einbalsamierten und zur Verehrung ausstellten, am Roten Platz, in einem Mausoleum – übrigens bis zum heutigen Tag. „Von religionshistorischer Seite ist sofort auf diesen offenkundigen Widerspruch hingewiesen worden, dass man nämlich mit aufklärerischen Argumenten gegen die Religion kämpfte, aber das Bekämpfte am Ende für die eigene Propaganda in Anspruch nahm – Lenin, der Gründer, ‚unverwest fortlebend'."[72] Schon 1918 hatte Sinowjew Lenin als „Apostel des Weltkommunismus" bezeichnet – seine Schriften seien ein „Evangelium" aller wahren Revolutionäre.

Auch im Alltag wurden Symbole der bekämpften Religion in neuen Formen weiterverwendet – so in der Überführung der Ikonenecke in eine „Friedensecke" oder in den zu Gedächtnisstätten des Atheismus umfunktionierten Kirchen.

Bis zu Formen säkularer Vergöttlichung steigert sich die Verehrung religiöser Führer im Maoismus. Hier erscheinen alle Elemente von Religion und Kult, aber auch von heiliger Lehre und systematischer Katechese gebündelt. Nicht nur, dass um Mao ein regelrechter Sonnenkult entstand,[73] dass er im Osten – aber auch in den Kulturrevolutionen des Westens! – in Sprechchören, Festen und Prozessionen verherrlicht wurde, auch seine Schriften wurden früh verehrt und errangen im Lauf der Zeit kanonische Geltung. Das *Rote Buch*, 1964 für chinesische Soldaten aus Worten des „Großen Vorsitzenden" kompiliert, wurde zu einem förmlichen Katechismus der maoistischen Ideen; zwischen 1966 und 1968 wurde es in nicht weniger als 740 Millionen Exemplaren gedruckt (die vierbändigen *Ausgewählten Werke* Maos in 150 Millionen, die Gedichte in 96 Millionen!).[74]

2. Personenkult und Emblematik

Niemand hätte wohl im aufgeklärten und überwiegend friedlichen 19. Jahrhundert damit gerechnet, dass das 20. Jahrhundert einen ebenso universellen wie militanten Herrscher- und Führerkult hervorbringen würde. Das Bild des „Großen Bruders", allgegenwärtig auf Straßen und Plätzen, war im 19. Jahrhundert noch nicht vorstellbar; und ebenso wenig waren revolutionäre Massenaufmärsche, öffentliche Liturgien, überdimensionale Parteiveranstaltungen, Riesenbauten, Festparaden und Lichtdome an der Tagesordnung.

Die Verehrung der Monarchen blieb lange eingebunden in familiale Vorstellungsmuster – vom altpreußischen Modell „Der König und die Königin" bis zu den viktorianischen und wilhelminischen Großformen zu Ende des Jahrhunderts. „God save the King" und „Heil dir im Siegerkranz" – das klingt anders, bürgerlicher, kommuner, als wenn Herrscher als „hoher Mittag" und „Reife der Völker" bezeichnet werden und man von einem politischen Führer allen Ernstes sagt: „Er organisierte die Berge / Und ordnete die Küsten" (Stalin) oder von einem anderen (Mao), seine Ideen seien „die Sonne, die ewig scheint".[75]

Dieser im 20. Jahrhundert abrupt aufsteigende Führerkult beginnt schon mit Lenin – so sehr sich dieser zu Lebzeiten noch gegen Tendenzen der Heroisierung und Monumentalisierung gewehrt hat. Doch die Verbreitung heilandsähnlicher Leninbilder und -statuetten, wahrer Ikonen der Revolution, nahm auch ohne seinen Willen ihren Lauf. Vor allem die Verehrung des toten Lenin sprengte alle bis dahin üblichen Dimensionen von Gedächtnis und Erinnerung. Lenin ist der erste moderne Herrscher – wenn man von der verspäteten „Heimholung" Napoleons I. nach Paris absieht –, der nicht nur einbalsamiert und in einem Mausoleum beigesetzt wurde, sondern dem eine dauerhafte, bis heute anhaltende kultische Verehrung durch Pilger aus seinem Land und aus aller Welt zuteil geworden ist.[76] Hier griffen die politischen Führer auf Formen des Reliquienkultes zurück, übersteigerten sie jedoch im Stil antiker Herrscher-Vergöttlichung.[77]

Der Stalinkult ging dann bekanntlich über die postmortale Lenin-Verehrung noch hinaus.[78] Es war der Kult eines Lebenden, und er übersteigerte alle bis dahin bekannten Muster der Herrscher-Idolatrie. Stalinbilder, Stalinbüsten, Denkmäler, Filme, Theaterstücke, Hymnen – das alles verbreitete sich seit den dreißiger Jahren in inflationärem Umfang. Nach dem Zweiten Weltkrieg leuchtete das Konterfei des schnauzbärtigen Diktators von allen Plakatsäulen der kommunistischen Welt; die grimmig-gefährliche Bonhomie seines Gesichts inspirierte George Orwell zu der Figur des „Großen Bruders", der in medialer Allgegenwart über die Seinen wacht und sie keine Sekunde lang aus den Augen lässt. Hier verbinden sich alte Überlieferungen des „Völkerhirten" (das Bild kommt in vielen Stalin-Hymnen vor!) mit modernen Ideen einer lückenlosen technischen „Supervision". Stalin war wirklich überall, er war allgegenwärtig; niemand konnte seinem Blick entrinnen.

Umso tiefer war dann – nach Stalins Tod und einer dreijährigen „Schamfrist" – der Fall. 1956 rechnete Chruschtschow auf dem XX. Parteitag der KPdSU in einer Geheimrede mit Stalin ab.[79] Ein Hauptvorwurf lautete: Personenkult, Selbstlob, Selbstvergötterung. Die Entstalinisierung war freilich ein langwieriger, windungsreicher Prozess – es dauerte Jahre, bis alle Städte, Straßen, Kolchosen den Namen Stalins verloren, und noch länger, bis alle Stalindenkmäler gestürzt wurden; definitiv war dies an vielen Orten erst nach 1989 der Fall (und noch heute bestehen viele in Fels gehauene Monumente fort, vor allem im Kaukasus). Ein entscheidender Schritt im langsamen Fortgang des Denkmal- und Bildersturzes war die Vertreibung Stalins aus dem Lenin-Mausoleum im Jahr 1961. Damals beschloss der XXII. Parteitag auf Antrag der Delegierten Lasurkina, Stalins Sarkophag aus dem Lenin-Mausoleum zu verbannen. Frau Lasurkina, die 17 Jahre in Gefängnissen und Lagern zugebracht hatte, berichtete, Lenin sei ihr immer wieder im Traum erschienen und habe verlangt, „den Nachfolger aus seinem Mausoleum zu entfernen". So geschah es dann auch per Akklamation, und in aller Heimlichkeit wurde die

Mumie von J. W. Stalin in der Nacht zum 31. Januar an der Rückmauer des Kreml beigesetzt. Als zusätzliche Sicherheitsmaßnahme wurde „eine ganze Ladung verdünnter Betonlösung auf den Sarg geschüttet, so dass er nun ‚festgemauert in der Erden'" lag.[80] Übrigens wurde auch Chruschtschow drei Jahre später gestürzt. Und im Unterschied zu Stalin wurde er dauerhaft und gänzlich zur Unperson – bis heute.[81]

Die Bildpolitik der Sowjetunion ist wenig erforscht.[82] Zweifellos hat es so etwas innerhalb der umfassenden Propagandamaschinerie des Staates gegeben, sonst wären das plötzliche Auftauchen und Verschwinden bildlicher Zeugnisse, der Wechsel von Bildverehrung, Bildersturm und Bildauslöschung kaum erklärbar. So zwangen z. B. die Säuberungen zu ständigen Retuschen des historischen Bildmaterials: Vor allem Trotzkij, aber auch Bucharin und andere Revolutionäre der ersten Stunde mussten, nachdem sie in Ungnade gefallen waren, aus den Bilddokumenten – in denen sie u. a. gemeinsam mit Lenin erschienen – herausoperiert werden. Ähnlich wie im *Bild* wurde die alte *damnatio memoriae* in der Sowjetunion auch im *Wort* erneuert: In den jährlichen Ergänzungslieferungen der „Großen Sowjetenzyklopädie" konnten auch westliche Bibliothekare die ideologischen Schwankungen in der Bewertung historischer Figuren und Vorgänge miterleben. Stalin- und Chruschtschow-Artikel schrumpften, verschwanden gänzlich oder tauchten mit neuer Bewertung wieder auf: ein Anschauungsunterricht darüber, dass es ein Bemühen um historische Objektivität, um Erkenntnis, „wie es eigentlich gewesen", im Historischen Materialismus nicht gab.

Von einfacherem Zuschnitt sind die Heldenbilder des Faschismus. Wie die italienische Architektur der Mussolinizeit den europäischen Klassizismus der Zeit übernimmt, ihn überhöht und gleichzeitig durchsichtig zu machen versucht auf die erneuerte Gegenwart des „Impero"[83], so klingen auch in den Bildern, Plastiken, Statuen des „Duce" altrömische, augusteische Züge an.[84] Das Pathos des „faschistischen Schwurs", die Beschwörung des „Dritten Rom" und einer Africa Orientale Italiana, das alles mag uns heute übersteigert und oft lächerlich erscheinen. Doch es hat – im Unterschied zum Bolschewismus und Nationalsozialismus – immerhin deutliche historische Bezugspunkte, es ist eher Programm einer voluntaristischen Erneuerung des Staates als Vision einer vorbildlosen, nie dagewesenen „neuen Zeit" und eines „neuen Menschen". Auch nimmt es da und dort Modernismen auf, kubistische und surreale Elemente, die im Kommunismus der Nach-Lenin-Zeit (und im Nationalsozialismus von Anfang bis Ende) sorgfältig gemieden werden.

Der Nationalsozialismus zeigt in seinen Bild-Emissionen vielfältige und widerspruchsvolle Züge. (Er hatte ja auch, im Unterschied zu Kommunismus und Faschismus, nur eine verhältnismäßig kurze Lebensdauer.) Die Lenkung der Vorstellungen und Emotionen der Massen war die zentrale Aufgabe des Goebbels-Ministeriums, dessen Amtstitel in bezeichnender Weise Gegensätzliches – Aufklärung und Propaganda – miteinander kombinierte.[85] Raffiniert-Modernes und Archaisch-Atavistisches, gesteigerte technische Effizienz und der Mythos von Blut und Boden stehen im Nationalsozialismus unvermittelt nebeneinander. Die deutlichsten Bild-Signale gingen von Reichsparteitagen, von Festen und Feiern, Erinnerung und Heldenkult aus.[86] Vollständiger Lenkung und Kontrolle unterlag die Presse. Der Rundfunk als Leitmedium – Stichwort: Volksempfänger! – interessierte die Herrschenden mehr als die sich entwickelnden Bildmedien. (Die erste Fernsehübertragung fand anlässlich der Olympiade 1936 statt.) Wichtig war freilich die Wochenschau. Aber auch einzelne Bilder blieben im Gedächtnis haften und machten Geschichte: so der Händedruck von Hindenburg und Hitler in der Potsdamer Garnisonkirche 1933; Hitlers Rede am Wiener Heldenplatz 1938; Hitlers Blick ins Scherenfernrohr vor dem belagerten Warschau; Hitlers Tanz nach der Niederlage Frankreichs; endlich Hitler und Mussolini nach dem 20. Juli 1944; und zuletzt Hitler mit glasigem Blick und fahlem Lächeln vor blutjungen Flakhelfern 1945, dem „letzten Aufgebot".

Eignete sich Hitlers Gesicht zur politischen Symbolisierung? War er ähnlich glaubhaft als Ikone der Bewegung wie Lenin, ähnlich überzeugend als „Generalissimus" und „Völkerhirte" wie Stalin, ähnlich eindrucksvoll als robuster, gefährlich lebender Führer mit Stiernacken und Römerschädel wie der italienische Duce? Ganz offensichtlich nicht. Die Zeitgenossen, angefangen von Thomas Theodor Heine in einer berühmten Karikaturenfolge im *Simplicissimus* vom 28. Mai 1923[87] haben immer wieder auf das Diffuse, Vieldeutige, Maskenhafte, ständig Wechselnde seiner Physiognomie hingewiesen – ausgeprägter als sein Gesicht waren seine Stimme, seine Körpersprache, seine Hände. So bedurften seine für die Propaganda bestimmten Bilder der Stilisierung, wobei sich staatsmännische und private Varianten in seltsamer und auffälliger Weise die Waage hielten.

Seit 1933 wurde von Heinrich Hoffmann, dem Leibfotografen Hitlers, eine „totale Durchdringung der politischen Öffentlichkeit mit Hitlers Porträt" angestrebt und erreicht.[88] Ab 1941 erschien Hitlers Profil auf jeder Standardbriefmarke. Aber neben diesen „offiziellen" Darstellungen standen eine Fülle von Bildern und Bildbänden, die Hitler privat als „Mann aus dem Volk" zeigten, zu Hause und auf Wanderungen, mit Hunden, Kindern und blonden Frauen. Offenkundig widerstand Hitlers Gesicht der bei anderen Diktatoren erprobten Monumentalisierung. Das größte je von ihm gefertigte Bild (18 m hoch) bei der Technik-Ausstellung „Gebt mir vier Jahre Zeit" 1937 zeigt einen besorgten, ja unfrohen Gesichtsausdruck.

Hitlers „Vielgesichtigkeit" ist oft beschrieben worden – am präzisesten wohl von dem damaligen französischen Botschafter in Berlin, André François-Poncet: „Ich persönlich kannte an ihm drei Gesichter, die drei Aspekten seiner Natur entsprachen: Das erste war von tiefer Blässe und zeigte verschwommene Züge, eine trübe Gesichtsfarbe. Ausdruckslose, ein wenig vorstehende Augen, die traumverloren blickten, gaben ihm etwas Abwesendes, Fernes: ein undurchsichtiges Gesicht, beunruhigend wie das eines Mediums oder eines Nachtwandlers. Das zweite war angeregt, von lebhafter Farbe, leidenschaftlich bewegt. Die Nasenflügel bebten, die Augen schossen Blitze, Heftigkeit lag darin, Wille zur Macht, Auflehnung gegen jeden Zwang, Hass für den Gegner, zynische Verwegenheit, wilde Energie, bereit, über alles hinwegzusehen: ein Gesicht, von Sturm und Drang gezeichnet, das Gesicht eines Rasenden. Das dritte war das eines alltäglichen Menschen, der naiv, bäuerlich, plump, gewöhnlich, leicht zu ergötzen ist, der in lautes Lachen ausbricht und sich dabei auf die Schenkel schlägt: ein Gesicht, wie man ihm häufig begegnet, ohne bestimmten Ausdruck, eines jener tausend und abertausend Gesichter, wie man sie auf der weiten Erde findet. Wenn man mit Hitler sprach, erlebte man manchmal nacheinander diese drei Gesichter."[89]

Politische Führer wurden nach 1917 zu messianischen Figuren, zu wahren Heilanden; ihre Porträts gewannen magische Macht über die Menschen, sie zogen Bewunderung, Verehrung, Anbetung auf sich. Bilder der Führer standen im Mittelpunkt politischer Liturgien, sie wurden bei Demonstrationen mitgeführt, bei Gedenkfeiern und -märschen feierlich erhöht und allen sichtbar gemacht.[90] Aber sie drangen auch in sozusagen häuslichen Formaten in den Alltag ein. Im Russland der Revolution warben (wie erwähnt) die Funktionäre dafür, häusliche Ikonenecken in „Friedensecken" mit dem Bild Lenins umzuwandeln. Ähnliches geschah im Dritten Reich: Bei Gottesdiensten der „Deutschen Christen" kam es vor, dass Hitlerbilder auf den Altar gestellt wurden. Der Hitlergruß mit ausgestrecktem Arm, die Formel „Heil Hitler!", Tischgebete, in denen dem Führer für das „täglich Brot" gedankt wurde – das alles sind Beispiele für einen Personenkult, der zum Kennzeichen der modernen Politischen Religionen wurde.[91] Er war mit Hitlers und Stalins Tod keineswegs zu Ende. Man kann die Reihe der „Heilbringer" über die Zeit nach 1945 hinaus erweitern, bis in die Gegenwart hinein: Mao, Ho Chi-Minh, Kim il Sung, Che Guevara, Castro, Ceausescu und viele andere.

War das alles nur ein temporärer Rückfall in archaische Gewohnheiten, in Demutsgebärden vor Mächtigen, in Unterwerfungszeichen ähnlich der Proskynesis vor altorientalischen Thronen? Es ist kein Zweifel, dass der Personenkult in den modernen Politischen Religionen über alles hinausgeht, was in der politischen Welt bis zum Ersten Weltkrieg im Verkehr zwischen Obrigkeit und Untertanen üblich war. Der Lenin-, Stalin-, Mussolini-, Hitlerkult wurde zum Kennzeichen einer neuen Form politischer Herrschaft, er war begleitet von der Proklamation einer „neuen Zeit" nach Jahrzehnten der „Fäulnis", der „Schmach", der „Schande". Die totalitären Regime steigerten nicht nur das Herrscherlob in Höhen empor, wie sie seit dem Untergang der Antike niemand mehr betreten hatte (und betreten wollte!). Sie schufen zugleich eine umfassende Emblematik symbolischer Formen als Ausdruck für dieses Neue, nie Dagewesene. Bis heute verbinden wir mit Kommunismus, Faschismus, Nationalsozialismus spezifische Embleme: Hammer und Sichel; Liktorenbündel; Hakenkreuz.

Auch hier ist keineswegs alles neu, es wimmelt von Rückgriffen und Reprisen. Am deutlichsten im Faschismus, der allenthalben an Römisches anknüpft und schon in seinem Namen an die Liktoren erinnert, die mit ihren *fasces* (Rutenbündeln, aus denen ein Beil hervorragt) den römischen Magistraten in der Öffentlichkeit voranschritten. „Die ‚Liktoren‘, so eine lexikalische Auskunft, „erledigten niedrigere Amtspflichten (wie Ladung, Verhaftung, Geißelung, Hinrichtung)."[92] Das wirft einen makabren Schein auf die Renaissance dieses ehrwürdigen Instituts durch Mussolini und seine Bewegung.[93] Immerhin lag aber in dieser historischen Bezugnahme auch ein Moment der Begrenzung: Es war ja ein „staatliches" Symbol, das hier beschworen wurde – und ein Rest von Staatlichkeit macht ja auch die Eigenart des italienischen Faschismus gegenüber seinem radikaleren Bruder, dem Nationalsozialismus (und selbstverständlich auch gegenüber dem Kommunismus) aus. In Italien galt nie das nationalsozialistische „Die Partei befiehlt dem Staat". Umgekehrt ließ sich der Nationalsozialismus – wie selbst ein Carl Schmitt erfahren musste – nie auf die Linie eines „totalen Staates" zurücknehmen: Im kritischen Moment gab gegenüber Staat und Recht stets „die Bewegung" den Ausschlag.[94] Wo Revolutionen ein „staatliches" Gehäuse tolerieren (wie Mussolinis Revolution die Monarchie und ihre Institutionen), dort kann das politische Leben auch nach dem Sturz des Diktators weitergehen. Dagegen gehört es zum Wesen von Kommunismus und Nationalsozialismus, die Schiffe hinter sich zu verbrennen, das gänzlich Neue, Präzedenzlose zu riskieren – damit freilich auch den totalen Bruch und die Selbstzerstörung.

Natürlich schwingen auch im russischen Kommunismus, vor allem im frühen, Elemente der unmittelbaren Vergangenheit, altrussische und altslawische Reminiszenzen mit – dazu religiös-eschatologische Stimmungen, wie sie sich im Kreis der „Gottesbildner" verdichteten, denen der Dichter Maxim Gorkij und Lenins Kultusminister Lunatscharskij nahestanden.[95] Man beschwor die Kraft des „Mir", die russische Resistenz gegen Dekadenz und „Fäulnis" des Westens. Manche sahen, wie Alexander Blok in seinem Gedicht *Die Zwölf*, die Rotarmisten im nächtlichen Petrograd wie Apostel hinter einem einsamen Christus herschreiten.[96] Doch der illusionslose Realist Lenin machte solchen Gedankenspielen bald ein Ende: Nach seiner Meinung kam es darauf an, dass das riesige, zurückgebliebene Reich den Anschluss an westliche Organisation und Technik finde, dass es vom Druck historischer Traditionen befreit werde, dass es sich entwickle, dynamisiere, elektrifiziere. Politik sollte zur mechanistischen Technik werden, der Staat zur Behörde, die Organisation der Arbeit zu einem psychotechnisch zu lösenden Problem.[97] Der kommunistische Revolutionär als „neuer Mensch", als „weltlicher Heiland" – das konnte bestenfalls der psychologische Anfang der großen Umgestaltung sein.

So bezog die kommunistische Revolution ihre Emblematik nicht aus altrussischen Quellen, sondern aus den Realsymbolen der lebenden Arbeiter und Bauern: dem Hammer und der Sichel. Die Verbindung war so einleuchtend, dass sie sich sofort durchsetzte, Dauer gewann und sich Zug um Zug in allen kommunistischen Ländern verbreitete. Von Anfang an ging sie über den Kreis der Partei hinaus, ergriff Besitz von Flaggen und Wappen, wurde zum Staatssymbol. In der riesigen Plastik des Arbeiters und der Kolchosbäuerin, gezeigt bei der Internationalen Ausstellung 1937 in Paris, hat sie ihren monumentalen Ausdruck gewonnen.

Am weitesten ins Archaische, Vorgeschichtliche reicht die Swastika zurück, das Hakenkreuz[98], das in der nationalsozialistischen Bewegung zum zentralen Parteisymbol – und 1933 zum Staatssymbol[99] – werden sollte. Doch so mythisch und abgelegen die Herkunft, so gegenwartsnah der politische Gebrauch des Symbols. Nach eigenem Bekenntnis suchte Hitler ein Gegengewicht gegen die Internationale, deren Auftritt ihn nach dem Krieg in einer Massenkundgebung vor dem Schloss und dem Lustgarten in Berlin beeindruckt hatte. „Ein Meer von roten Fahnen, roten Binden und roten Blumen gaben dieser Kundgebung … ein schon äußerlich gewaltiges Ansehen. Ich konnte selbst fühlen und verstehen, wie leicht der Mann aus dem Volke dem suggestiven Zauber eines solchen grandios wirkenden Schauspiels unterliegt.“[100]

Ausgangspunkt der neuen Symbolik war die Farbe. Weiß und Schwarz als Grundfarben schieden aus, das Schwarz-Rot-Gold der Republik ebenfalls. Hitler wählte bewusst für Fahnen und Plakate als Grundfarbe rot: „ … sie ist die aufpeitschendste (Farbe) und musste unsere Gegner am meisten empören und aufreizen und uns ihnen dadurch so oder so zur Kenntnis und in Erinnerung bringen.“ Dazu schreibt Sabine Behrenbeck: „Das rote Feld der Fahne als sozialistisches und internationalistisches Symbol sollte durch das Hakenkreuz zum Zeichen des deutschen, nationalen Sozialismus werden.“ Hitler „benutzte die rote Farbe als Mittel zur Rekrutierung seiner Elite, deren Mitglieder er in den Reihen der Kommunisten und nicht bei den ‚feigen‘ Bürgerlichen vermutete“. Zur Symbolik der Hakenkreuzflagge bemerkt

Behrenbeck: „Hitler gestaltete das Lichtsymbol [sc. das Hakenkreuz] als schwarzes Zeichen auf weißem Grund ... Das schwarze Hakenkreuz befand sich auf einer weißen Kreisscheibe, die jedoch keine Assoziationen zur Sonne wecken sollte, sondern im Zuge des Weimarer Flaggenstreits um Schwarz-Weiß-Rot oder Schwarz-Rot-Gold zur Symbolfarbe des nationalistischen Lagers geworden war ... Wesentlich für das Selbstverständnis der NSDAP als ‚Bewegung‘ war die Dynamik, die von dem Rad in der Scheibe optisch signalisiert wurde. Wegen dieses Bewegungsmotives bevorzugte man für sämtliche späteren Wahrzeichen der Parteigliederungen und -organisationen das auf die Spitze gestellte Hakenkreuz, das wesentlich dynamischer wirkte als das liegende. Eingefasst wurde es meist von einem Eichenlaubkranz, dem allgemein bekannten Sieges- und Ehrenzeichen. Hitler wählte bewusst die dominante ‚blutrote‘ Tuchfarbe seiner Parteifahne, ‚um die Arbeitermassen anzusprechen‘. Rot als ‚die bekannteste politische Farbe der Neuzeit‘ wird seit der Revolution von 1848 eindeutig und allgemein der sozialistischen Bewegung und Revolution zugeordnet. Diese Assoziation war einer der Beweggründe, warum Hitler sich für Rot als Grundfarbe seiner Massenpropaganda entschied: Es stand als Symbol für den sozialistischen Anteil seines Programms.“[101]

Man müsste an dieser Stelle über Uniformen und Uniformfarben sprechen – das Schwarz der Faschisten, das Braun der Nationalsozialisten; über Fahnen und Standarten – die wehende Fahne bei NS-Kundgebungen, die starre Standarte der italienischen Faschisten, an römische Vorbilder angelehnt (die dann innerhalb der NS-Bewegung, wie auch die schwarze Uniform, von der SS übernommen wird). Auch von der Roten Fahne, der roten Farbe überhaupt im Kommunismus wäre zu reden, die gegenüber den durch Symbole gestalteten und konkretisierten faschistischen und national-sozialistischen Herrschaftszeichen relativ ungeformtes Roh-material bleibt – wie überhaupt der Anteil des Sinnlichen in der „Buchreligion" des Kommunismus begrenzter ist, sich auf den geschilderten Personenkult, auf Maifeiern und militä-rische Machtdemonstrationen konzentriert.[102]

Als vorläufiges Fazit darf festgehalten werden, dass die Emblematik der „Politischen Religionen" ausdrücklich und grundsätzlich über die „Normallage" sinnlicher Repräsenta-tion des Gemeinwesens in älteren Zeiten – also Flaggen und Wappen – hinausgeht, dass sie ein eigenes Zeichensys-tem, ein eigenes Bilderreich entwickelt, das die Politik im All-tag präsent macht und der suggestiven Beeinflussung, der Einbeziehung aller Menschen in Herrschaftsstrukturen dient. In diesem Sinne hatte bereits die Französische Revolution mit Freiheitsbäumen und Kokarden, langen Hosen (Sans-cu-lottes), Jakobinermützen, römischen Rutenbündeln und Ge-setzestafeln, mit Dezimaluhren und republikanischen Kalen-dern vom Alltag der Menschen Besitz ergriffen – eine Usurpation, die dann doch am Ende eine flüchtige Episode blieb. Karl Marx hat geurteilt, die Französische Revolution sei „im römischen Kostüm" auf die Bühne der Geschichte getreten; Hannah Arendt sah in den modernen Revolutionen generell den „römischen Enthusiasmus für die Gründung ei-nes neuen politischen Körpers" am Werk.[103] Bewusst an rö-mische Vorbilder angelehnt hat sich unter den modernen Po-litischen Religionen freilich nur der Faschismus. Beim Kommunismus wie beim Nationalsozialismus drängte das Pathos des Neuanfangs die historischen Vorbilder beiseite und brachte eine ganz neue Emblematik hervor: auf der ei-nen Seite die durch Arbeit „sich herstellenden" Menschen mit Hammer und Sichel in den Händen, auf der anderen die unter dem Heilszeichen der Swastika zum Endkampf zwischen Licht und Finsternis sich rüstenden arischen Kämpfer.

3. Zum Konzept der Politischen Religionen

Die erwähnten religionsähnlichen Phänomene – ich habe nur einige ausgewählt – waren für denkende Zeitgenossen Lenins, Mussolinis, Hitlers ein Anlass, sich die neuen Despotien als Surrogate von Religion, als Religionsersatz oder als Ersatzreligionen vorzustellen, sie als „säkulare" oder als „politische" Religionen zu bezeichnen. In dieser Perspektive erscheinen Bolschewismus, Faschismus und Nationalsozialismus als Formen eines Glaubens – einer quasi-religiösen Unterwerfung unter eine höhere, ja absolute Autorität.

Den Anfang machte Franz Werfel in Vorträgen, die er 1932 in Deutschland hielt. In ihnen entwarf er das Bild eines typischen „Mannes von der Straße", eines vom Weltkrieg erschütterten, an Vernunft und Wissenschaft verzweifelnden Zeitgenossen. Der Mann hat zwei Söhne. Diese können nicht leben mit einem passiven Ich, das nur, wie Werfel sagt, das „Nichts auf Urlaub" ist. Sie streben von ihrem Ich fort, suchen Anschluss an eine höhere Ordnung, „an eine Überordnung, an eine Autorität, der sie sich leidenschaftlich unterwerfen, für die sie gegebenenfalls ihr Leben opfern werden … Unsere Zeit bietet den jungen Leuten zwei radikale Glaubensarten an. Sie ahnen schon, dass der eine Sohn unseres Straßenmannes Kommunist ist und der andere Nationalsozialist. Der naturalistische Nihilismus spaltet sich gleichsam in zwei Äste. Die Jugend tut den Schritt vom hilflosen Ich fort. Kommunismus und Nationalsozialismus sind primitive Stufen der Ich-Überwindung. Sie sind Ersatz-Religionen, oder wenn Sie wollen, Religions-Ersatz."[104] Und dann etwas später: „Wir haben dargetan, dass die beiden größten Bewegungen der Gegenwart, Kommunismus und Nationalismus, antireligiöse, jedoch religionssurrogierende Glaubensarten sind und keineswegs nur politische Ideale. Sie sind echte Kinder der nihilistischen Epoche und deshalb auch nicht weit vom Stamm gefallen. Wie ihr Vater kennen sie keine transzendente Verbundenheit, wie er hängen sie im Leeren. Sie geben sich aber mit dieser Leere nicht mehr zufrieden, sondern veranstalten in ihr Exzesse, um sie zu überwinden."[105] So weit Werfel – und man staunt, bei diesem expressionistischen Lyriker und Roman-Autor eine so präzise Schilderung kollektiver seelischer Befindlichkeiten zu finden. Neben den Erzählungen und Essays von Kafka, Broch und Musil sind die Essays von Werfel aus den dreißiger Jahren die ersten genauen Beschreibungen des Kommenden.

Den Begriff „Politische Religionen" hat dann – wiederum in Wien! – Eric Voegelin 1938 in seinem gleichnamigen Buch entwickelt.[106] Ein Jahr später taucht er bei Raymond Aron in Paris auf: „religion politique", später „religion séculière".[107] In Voegelins „Politischen Religionen" werden Kommunismus, Faschismus und Nationalsozialismus, wohl erstmals, in einen universalhistorischen Zusammenhang gebracht. Sie sind für ihn Produkte von Säkularisierungsvorgängen in den typischen „verspäteten Nationen" Europas – Nationen, die nicht mehr, wie die angelsächsischen, in christlichen Traditionen stehen, sondern ihren politischen Zusammenhalt aus massenwirksamen Ideologien der Klasse oder Rasse, der Ökonomie oder des Blutes zu gewinnen suchen. Das Bemühen um eine quasi-religiöse Dimension politischer Ordnung – in wie pervertierten Formen auch immer – verbindet die modernen Gewaltregime mit Modellen einer politisch-religiösen

Einheitskultur, die Voegelin geschichtlich bis zum alten Griechenland und zum alten Ägypten zurückverfolgt. Die modernen Diktaturen gründen nach seiner These in einer innerweltlichen Religiosität, die das Kollektiv der Rasse, der Klasse oder des Staates zum „Realissimum" erhebt und damit „divinisiert". Das Göttliche wird in „Teilinhalten der Welt" gesucht und gefunden; es ist eng verbunden mit einem je-eigenen „Mythos der Erlösung".

Während Voegelins Position in einer christlichen Anthropologie wurzelt, die in späteren Werken weiterentwickelt und systematisiert wird, steht Raymond Arons Konzept in der Tradition liberaler Totalitarismuskritik. Aron verwendet den Religionsbegriff, anders als Voegelin, vorwiegend in religionskritischer, aufklärerischer Absicht: totalitäre Systeme sind „religiös" insofern, als sie die moderne (und christliche!) Scheidung der zwei Gewalten Religion und Politik rückgängig zu machen streben. Ähnlich wie Religion in früheren Gesellschaften universell verbreitet war, werden heute Ideologien in modernen „totalitären" Gesellschaften „omnipräsent". Auch politisches Handeln ist nun nicht mehr vom rechtsstaatlichen Gesetz bestimmt, es wird gerechtfertigt durch Berufung auf „absolute Werte".

Dass moderne politische Bewegungen mit Hilfe religiöser Kategorien beschrieben und analysiert werden können, ist ein Ergebnis der religionsphilosophischen und -phänomenologischen Forschung seit dem Ersten Weltkrieg – summarisch sei an die Arbeiten von Rudolf Otto, Heinrich Scholz, Gerardus van der Leeuw, Mircea Eliade, Friedrich Heiler, Romano Guardini und Roger Caillois erinnert. Hier tritt ein neuer, umfassender Religionsbegriff hervor, der die individualistischen Engführungen des 19. Jahrhunderts überwindet: Religion gewinnt hier mit der sozialen Dimension auch die Züge des Numinosen, Faszinierend-Erschreckenden, Provozierenden zurück, die in einer Betrachtung der Religion „innerhalb der Grenzen der bloßen Vernunft" verloren gegangen waren. Das Schauervolle und Unheimliche, das *tremendum et fascinosum* werden als Momente religiöser Erfahrung neu entdeckt.

In der Tat operieren totalitäre Bewegungen in ihren Worten und Handlungen mit Momenten, die auch in religiösen Zusammenhängen vorkommen. Zum einen ist hier der Schrecken zu nennen. Nach Raymond Aron wie nach Hannah Arendt ist die totalitäre Herrschaft wesentlich durch das Moment des Terrors bestimmt. „Das eiserne Band des Terrors konstituiert den totalitären politischen Körper und macht ihn zu einem unvergleichlichen Instrument, die Bewegung des Natur- oder des Geschichtsprozesses zu beschleunigen."[108] Der Terror ersetzt den „Zaun des Gesetzes" durch ein eisernes Band, das die Menschen so stabilisiert, dass jede freie, unvorhersehbare Handlung ausgeschlossen ist. „Terror in diesem Sinne ist gleichsam das ‚Gesetz', das nicht mehr übertreten werden kann."[109] Diese terroristische Stabilisierung soll der Befreiung der sich bewegenden Geschichte oder Natur dienen. Raymond Aron deutet den polizeilichen wie den ideologischen Terror der totalitären Bewegungen als Folge davon, dass jede Tätigkeit zur Staatstätigkeit geworden und von der Staatsideologie bestimmt ist; so werde eine Verfehlung im wirtschaftlichen oder beruflichen Bereich gleichzeitig zu einer ideologischen Verfehlung.

Ein totalitäres System versucht seinen Einfluss auch in der Privatsphäre des Menschen geltend zu machen. Es darf keine noch so kleine Nische geben, in der die politische Ideologie nicht in irgendeiner Weise präsent ist. Auch Religionen neigen dazu, den Menschen detaillierte Vorschriften zu machen, ihnen für jede mögliche Situation Handlungs-anweisungen zu geben, sie durch Initiationen, Symbole und Rituale aneinander zu ketten. Das nationalsozialistische Ritual der „Blutfahne" etwa ist nach Hannah Arendt „das Erlebnis einer mysteriösen Handlung, das offenbar als solches Menschen besser und sicherer aneinanderkettet als das nüchterne Bewusstsein, ein Geheimnis miteinander zu teilen".[110]

Hannah Arendt wie Eric Voegelin haben verdeutlicht, dass die totalitären Bewegungen mit Fiktionen arbeiten. Sie orientieren sich nicht an der Realität, sondern an einer selbsterfundenen Scheinordnung. Totalitäre Führer zeichnet nach Arendt die unbeirrbare Sicherheit aus, „mit der sie sich aus bestehenden Ideologien die Elemente heraussuchen, die sich für die Etablierung einer den Tatsachen entgegengesetzten, ganz und gar fiktiven Welt eignen".[111] Aus der erfahrbaren Welt werden geeignete Elemente für eine Fiktion herausgenommen und so verwendet, dass sie fortan von aller überprüfbaren Erfahrung getrennt bleiben; die „Weltverschwörung" ist nach Arendt eine dieser Fiktionen. Gewiss haben solche Einbildungswelten nur begrenzte Dauer; vor der Wirklichkeit muss das Kartenhaus der Lüge nach gewisser Zeit zusammenbrechen. Mit den Worten Voegelins: „Die Seinsverfassung bleibt, was sie ist, jenseits der Machtbegierden des Denkers; sie wird nicht dadurch verändert, dass ein Denker ein Programm zu ihrer Änderung entwirft und sich einbildet, er könnte das Programm verwirklichen. Das Ergebnis ist also nicht Herrschaft über das Sein, sondern eine Phantasiebefriedigung."[112]

Eine weitere Parallele zwischen Religion und totalitären Bewegungen stellt die Verheißung des Heils und die Gestalt des Heilbringers dar. Romano Guardini hat diesen Zusammenhang 1946 in seiner Schrift *Der Heilbringer* herausgearbeitet.[113] Die Weise, wie der Nationalsozialismus von Blut,

Rasse und Erde spricht, enthüllt, dass eine religiöse Dimension im Spiel ist. „Geheimnis des Blutes", „ewiges Blut", „heiliges Blut" – Vokabeln dieser Art finden sich auf Schritt und Tritt. Der Mythos braucht einen Verkünder und Verkörperer: Er wird gefunden in Adolf Hitler. Der „Meldegänger Gottes", wie er zu Beginn der „Bewegung" genannt wird, ist fähig, zu allem Kraft zu geben. Wo vorher im Hause der Herrgottswinkel mit dem Bild des Gekreuzigten gewesen war, soll jetzt der „Gotteswinkel" eingerichtet werden; in ihm erscheint, zusammen mit dem Hakenkreuz, das Bild Hitlers. In einer den „Deutschen Christen" überlassenen Kapelle steht das Bild des „Führers" auf dem Altar selbst. Der Gruß „Heil Hitler!" kann nach Guardini zum einen so gedeutet werden, dass Hitler Heil gewünscht wird, zum anderen aber auch so, dass Hitlers Heil über den, dem man gerade begegnet, kommen möge.[114]

Eric Voegelin hat seine religionsphänomenologische Interpretation der modernen despotischen Regime später zu der bekannten These verdichtet, die politischen Massenbewegungen des 20. Jahrhunderts – Kommunismus, Faschismus, Nationalsozialismus – wiesen allesamt einen „gnostischen" Charakter auf. Sie beruhten auf der Annahme, der Mensch könne durch eigenes Handeln die Übel dieser Welt beseitigen. Die Gewissheit, die der Mensch vom Wesen her suche, böten ihm die gnostischen Systeme in einer Doktrin innerweltlicher Sinnerfüllung an. Der Mensch, der dieser Versuchung nachgebe, versinke immer mehr in die Fallstricke der Verweltlichung: in das „dämonisch-verstockte Beharren auf dem Handeln, zu dem die Leidenschaft treibt".[115]

Von diesen religionsphänomenologischen Parallelismen (die besonders gut auf Faschismus und Nationalsozialismus passen!) möchte ich die kirchensoziologischen im engeren

Sinne unterscheiden – die wiederum erstaunlich auf den Bolschewismus passen. Ein Schlüsselthema ist die Frage der Zugehörigkeiten. Im Unterschied zum pluralistischen Vereins- und Parteiwesen in der Demokratie mit seinen lockeren, stets revidierbaren Formen der Mitgliedschaft schaffen totalitäre Parteien „existentiell riskante" Zugehörigkeiten, deren Strukturen vielfältig auf die der Kirchenzugehörigkeit verweisen, mit den entsprechenden Ein- und Austrittsbedingungen, der zugehörigen Disziplin, den damit verbundenen Sanktionen. Die Bezeichnungen – obwohl meist „bewusstlos" verwendet – sprechen eine deutliche Sprache. Es gibt vor allem im Kommunismus „reine Lehren", „heilige" (oder doch kanonische) Bücher und Testamente, es gibt Ketzer und Ketzergerichte, es gibt die strafbewehrte Sorge für Glaube und Sitte, es gibt Inquisition, aber natürlich auch Häresie und Ketzerei, Dissidenten und Renegaten, Apostaten und Proselyten. Die systematische Aufschlüsselung dieser Phänomene steckt noch in den Kinderschuhen. Ein erster Versuch der Analyse liegt seit 1991 mit Michael Rohrwassers Buch über die „Renegatenliteratur" (Orwell, Koestler, Kantorowicz, Sperber, Sahl, Krebs, Glaser u. a.) vor.[116]

An die kirchensoziologischen Betrachtungen knüpft endlich eine Betrachtung der modernen Despotien unter *kirchen-* und *universal*geschichtlichen Gesichtspunkten an. Sie sieht in diesen Bewegungen eine Negation der für die europäische Geschichte grundlegenden Trennung von geistlicher und weltlicher Gewalt, ein Nachlassen des christlichen „Exorzismus am Staat", eine Rückbewegung hin zur antiken Ungeschiedenheit von Polis und Religion, Kult und Politik. Klassisch formuliert ist dieser Zusammenhang schon 1929 bei Hermann Heller: „Der Staat kann nur totalitär werden, wenn er wieder Staat und Kirche in einem wird, welche

Rückkehr zur Antike aber nur möglich ist durch eine radikale Absage an das Christentum."[117] Diese Forschungsperspektive führt zur Neuentdeckung der antiken „politischen Theologie" und zu ihrer Verwendung als Instrument der Analyse moderner Ideologien; Schlüsselfigur ist der Theologe Erik Peterson, dessen Untersuchungen[118] – ursprünglich als Entgegnung auf Carl Schmitts *Politische Theologie* (1922, ²1934) gedacht – auf Jacques Maritain, Jacob L. Talmon und John C. Murray eingewirkt haben.

IV. Das totalitäre Zeitalter –
profane und religiöse Deutungen

Von Anfang an hat das Auftreten der totalitären Regime im
20. Jahrhundert bei den Zeitgenossen eine breite Spur von
Interpretationen und Deutungen hinterlassen. Das beginnt
mit der Wahrnehmung von Kommunismus, Faschismus, Nationalsozialismus in Berichten von Reisenden, Journalisten,
Schriftstellern, Politikern nach 1917, 1922 und 1933; es setzt
sich fort in den Bemühungen um angemessene Bezeichnungen für die neuen Phänomene; es mündet schließlich in größere Deutungsmuster ein, von denen die Konzepte des *Totalitarismus* und der *Politischen Religionen* am bekanntesten
geworden sind.[119]

Übereinstimmung bezüglich dieser Deutungsmuster gibt
es in der Forschung bisher nicht. Vieles ist nach wie vor umstritten, der Diskussionsprozess ist noch im Gang.[120] Doch
tragen Untersuchungen zu den Gewaltregimen des 20. Jahrhunderts heute deutlich andere Züge als in ihren Anfängen.
So ist das faschistische Italien inzwischen wohl definitiv aus
der Frontlinie der Totalitarismusforschung ausgeschieden;
diese konzentriert sich heute immer mehr – ja fast ausschließlich – auf die Sowjetunion und auf das nationalsozialistische
Deutschland. Bezüglich Deutschlands und Russlands haben
die Forschungen zum Holocaust und zum Gulag den Blick
auf das Phänomen der Massenvernichtung gelenkt – auf Vorgänge also, die nicht zufällig die extreme Spitze totalitärer Politik bilden (und die aus pragmatischen Ereignisabläufen kaum
zureichend erklärt werden können!). Und wiederum hat die

Suche nach den *Motiven* der Holocaust- und Gulag-Verbrechen die Frage nach den ideologischen Antrieben, den geschichtsphilosophischen Rechtfertigungen, den pseudoreligiösen Legitimationen und Absolutionen für die Täter neu belebt. Kurzum: Nach einer Zeit intensiver (und verdienstvoller!) Fakten-Rekonstruktion – bei sichtbarer Zurückhaltung gegenüber Gesamtdeutungen – regt sich heute wieder ein deutliches Interesse an einer zusammenhängenden Sicht der Dinge. Man will *begreifen*, was man längst weiß – und was doch ohne interpretierende Hilfe unverständlich, ja unglaubhaft zu bleiben droht. Das gibt den alten Deutungsmustern neue Chancen: Nicht zufällig ist nach 1989/90 mit der *Totalitarismustheorie* auch die Figur der *Politischen Religionen* in die Arena der Deutungen zurückgekehrt.

1. Die Wahrnehmung des Neuen

Kommunismus und Faschismus waren Kinder des Krieges. Sie entfalteten sich in einer von Krieg, Bürgerkrieg, Kleinkrieg, paramilitärischen Aktionen beherrschten politischen Szene. Der Zusammenhang ist am greifbarsten im russischen Kommunismus, der ohne den militärischen Zusammenbruch im Westen, den Friedensschluss, den Aufbau einer „Roten Armee", den siegreich bestandenen Bürgerkrieg kaum denkbar wäre.[121] Aber auch Mussolinis Machtergreifung, als „Marsch auf Rom" bewusst ins Militärische stilisiert, vollzog sich in einer bürgerkriegsähnlich aufgeladenen Atmosphäre,[122] und auch dem wenig später auftretenden Hitler fehlen die „Squadre" nicht, die „Braunen Bataillone", die auf Straßen und Plätzen ihre Macht zeigen und ihre terroristischen Energien entfalten.[123]

Die entfesselte Gewalt des Weltkriegs gewinnt in den modernen Despotien eine bleibende, finstere Nachhaltigkeit. Diese wirken oft wie Demonstrationen einer ständig sich ausweitenden „totalen Mobilmachung".[124] Das Militärische dringt in die zivilen Strukturen ein und formt sie um: auch im Inneren des Staates herrscht jetzt militärisches Freund-Feind-Denken, wird jeder Konflikt bis zum existenziellen Entweder-oder getrieben, steht die Macht nicht mehr auf dem Grund der Gesetze, sondern auf der Spitze der Bajonette. Und da alles Kriegerische einen Einschlag des Aleatorischen hat, kommt in die Politik ein Element des Würfelspiels: Man kann mit einem Coup alles verlieren und alles gewinnen; man kann ins Nichts fallen oder emporgetragen werden zu Macht und Größe. Die Vergrößerung, Intensivierung, Dynamisierung der politischen Macht hebt die modernen Despotien ebenso vom gewaltenteilenden Rechtsstaat des 19. Jahrhunderts ab, wie sich der uniformierte Diktator und sein militärisches Gefolge vom zivilen Staatsmann der Demokratie mit seinem Civil Service unterscheidet. Das kriegerische Alles oder Nichts macht die Politik aus einem Ort der Beratung, Abwägung und Entscheidung zu einem Kampfplatz, in dem es um Sieg und Niederlage geht. Im Extremfall gibt es am Ende nur Lebende oder Tote.

Die Exaltation der Politik, ihre Erhöhung über die Normalität wird deutlich in den Äußerungen der Zeitgenossen. Einem Nikolaj Nikolajewitsch Suchanow erscheint der Petrograder Sowjet „wie jener römische Senat, den die alten Karthager einst für eine Götterrunde gehalten haben. Mit einer solchen Masse … konnte es einen tatsächlich verlocken, den Versuch zu unternehmen, das alte Europa mit dem Licht der sozialistischen Revolution zu erleuchten."[125] Fedor Stepun, obwohl er das „Wahnsinnsähnliche" der russischen Zustände wie kaum ein anderer reflektiert, nennt doch die Oktoberrevolution „ein äußerst bedeutendes russisches Thema". Er erwägt, dass „für Russland irgendeine ganz ureigene Stunde zu schlagen beginnt, dass es vielleicht in den Sinn seines Wahnsinns tritt".[126] Der populäre Dichter Demjan Bednij sieht den Sowjetmenschen wie einen leviathanischen Riesen, zusammengesetzt aus vielen Einzelnen, in den Straßen der Großstadt sich aufrecken:

Millionenfüßig: ein Leib. Das Pflaster kracht.
Millionenmaßen: ein Herz, ein Wille, ein Tritt!
Gleichschritt, Gleichschritt!
Sie marschieren an. Sie marschieren an.
Marschmarsch ...
Aus den Fabriksrevieren, rußbehangen,
Aus Kerkerlöchern, kotigen Winkelgelassen,
Trat – seine Finger krümmten sich wie Zangen,
Zersprengt die tausendjährigen Ketten ihn umrasseln –
Trat jetzt der neue Herrscher auf die Straße.
Wie blutige Flecken
Purpurfahnen schwenkten sich über ihm.
Stählerne Fäuste strecken
Sich hochauf. Es winselt der Bürger Gebein.
Er aber sprach: ‚Dies alles ist mein!
Straße, Paläste, Kanäle, die Börse, die Bank,
Passagen, Kornspeicher, Gold, Stoffe, das Essen,
der Trank,
Bibliotheken, Theater, Museen,
Anlagen, Boulevards, Gärten und Alleen,
Der Marmor und der bronzenen Werke Geprang,
Der Dichter Gedicht, der Sänger Gesang,
Die Türme, Schiffe, Dome, rings die Ländereien –
Dies alles ist mein!!!'

Die Häuser widerdonnern. Die Hauptstraße schreit.
Der Riese steht fest.[127]

Kein Wunder, dass man die Bolschewisten außerhalb der
russischen Grenzen, vor allem in Deutschland, überwiegend
als asketische Revolutionssoldaten, dostojewskijsche Helden,
„Neuwegweiser", „Allmenschheitsreformer" sah. Von einem
Besuch bei Walter Rathenau berichtet Harry Graf Kessler im
Februar 1919 in seinem Tagebuch: „Zum Bolschewismus
ließ er starke Hinneigung durchblicken. Es sei ein großartiges
System, dem wahrscheinlich die Zukunft gehören werde. In
100 Jahren werde die Welt bolschewistisch sein. Der gegenwärtige Bolschewismus gleiche einem wunderbaren Theater-
stück … Des Nachts sei er Bolschewist; aber am Tage, wenn
er unsere Arbeiter und Beamten sehe, sei er es nicht oder
noch nicht (er wiederholte mehrmals das ‚noch nicht')."[128]
Ähnliche Äußerungen finden sich bei Thomas und Heinrich
Mann, bei Käthe Kollwitz und Alfred Kerr – nicht zu reden
von ausgesprochenen „fellow travellers" wie Herbert G.
Wells, George Bernard Shaw, Lion Feuchtwanger, André
Gide und anderen, deren langer Prozessionszug sich schon
1920, mitten im Bürgerkrieg, nach Moskau in Bewegung
setzt.[129]

Das Echo auf Mussolinis „Marsch auf Rom", auf Hitlers
„Machtergreifung" ist nüchterner. Die messianischen Unter-
töne (die in Italien und in Deutschland durchaus vorhanden
sind!) fehlen bei den ausländischen Betrachtern weithin. Immerhin: Die Züge der „Mobilmachung", der marschierenden
und paradierenden, aus ihren administrativen und parlamentarischen Gehegen ausgebrochenen Gewalt werden deutlich
wahrgenommen. Vor allem angelsächsische Betrachter regis-
trieren den Auftritt dieser nackten, nicht mehr rechts- und
parteistaatlich domestizierten Macht, der man nicht auswei-

chen kann, da sie allgegenwärtig ist und alles mit Bildern, Symbolen, Transparenten, Reden und Marschmusik überflutet. Harold Nicolson trug am 6. Januar 1932 in Rom in sein Tagebuch ein: „Verbringe den Tag größtenteils mit der Lektüre faschistischer Flugschriften. Sie haben jedenfalls das ganze Land in eine Armee verwandelt. Von der Wiege bis zum Grabe wird man in die faschistische Form gepresst, dem kann niemand entrinnen. Auf dem Papier wirkt das alles sehr tüchtig und eindrucksvoll. Ich frage mich aber, wie das Leben des Einzelnen aussieht; das werde ich nicht sagen können, ehe ich nicht einige Zeit in Italien gelebt habe. Es handelt sich jedenfalls insoweit um ein sozialistisches Experiment, als es die Individualität zerstört. Es zerstört auch die Freiheit. Schreibt dir einer erst mal vor, wie du denken sollst, so schreibt er dir auch gleich vor, wie du dich verhalten sollst. Ich gebe zu, dass man mit einem solchen System ein Maß von Energie und Wirksamkeit erlangen kann, wie wir es auf unserer Insel nicht erreichen. Und doch, und doch … Das Ganze ist eine auf den Kopf gestellte Pyramide."[130]

Das zweite Zeugnis stammt aus William L. Shirers *Nightmare Years 1930–1940* und beschreibt den Nürnberger Reichsparteitag vom September 1934:
„50.000 junge Männer in dunkelgrünen Uniformen – die vordersten Reihen mit nacktem Oberkörper – standen mit blitzenden Spaten, in denen sich die Morgensonne spiegelte, vor ihrem Führer auf der Zeppelinwiese stramm und lauschten, wie er ihren Dienst am Vaterland pries. Als sie dann in vollkommenem Stechschritt, wie ihn die alten preußischen Feldwebel vermutlich auch nicht besser gekannt hatten, den Vormarsch begannen, tobte die riesige Menge vor Begeisterung. Auf mich wirkte der Stechschritt lächerlich, den Zuschauern aber schien er so gut zu gefallen, dass sie spontan

aufsprangen und Beifallsrufe von sich gaben. Im Vorbeimar-
schieren huldigten die jungen Männer ihrem Führer in einem
gewaltig hallenden Sprechchor, den ein weithin donnerndes
‚Heil Hitler' beschloss. Ich erfuhr bald, dass Hitler neben
dem Arbeitsdienst eine noch umfassendere Jugendorganisa-
tion aufbaute, die Hitlerjugend, in der die Kinder vom sieb-
ten Lebensjahr an auf den Führer eingeschworen werden
sollten."[131]

Der Anspruch der neuen Bewegungen zielt auf die Ge-
staltung des *ganzen* menschlichen Lebens. Das wirkt sich aus
im Verhalten jedes Einzelnen. Nicht dass solche Reaktionen
neu wären: „Ordinärer Gehorsam gegen irgendwie zur
Macht Gekommene findet sich bald", sagt Jacob Burckhardt.[132] Hier aber ist der Gehorsam nicht nur aus Gewohnheit oder aus Ruhebedürfnis geboren, auch nicht allein aus
Furcht: Wer mitmarschiert, hat das befreiende Gefühl, im
Einklang mit der Zeit zu stehen und einen geschichtlichen
Auftrag zu vollziehen. So kommt es zu einer Mobilisierung
der Massen als Antwort auf die fordernde Präsenz der Führung: Der Wille der politischen Gewalt überträgt sich auf die
vielen; diese marschieren „mit der neuen Zeit".[133]

2. Perzeptionen und Begriffe

Wirkt das politische Personal in den von der Revolution er-
griffenen Ländern zunächst wie ein Trupp verlorener Krie-
ger, tragen viele Aktionen den Charakter improvisierter
Kriegs- und Notstandshandlungen, die sich statt gegen äußere Feinde jetzt nach innen kehren, so erweisen sich die
neuen Regime sowohl in Russland wie in Italien wie in
Deutschland gleichwohl als unerwartet dauerhaft. Man muss

sie also *benennen* – und der Kampf um die angemessenen Kennzeichnungen begleitet die Geschichte des russischen Kommunismus, des italienischen Faschismus und des deutschen Nationalsozialismus von ihren Anfängen an.

Die Konzeptualisierung der Bolschewiki-Herrschaft in Russland löst zunächst einen Streit unter den europäischen Sozialisten aus. Der auf Marx und Engels[134] zurückgehende, von Lenin[135] wiederaufgenommene Begriff der „Diktatur des Proletariats" teilt sie in zwei Lager. Schon 1918 zieht Karl Kautsky gegen Lenins Diktatur zu Feld,[136] die er 1920 – von Marx und Engels auf das Zarenreich gemünzte Epitheta verwendend – als „asiatisch" bzw. „tatarisch" charakterisiert.[137] Die Kritik an einer sozialistischen Diktatur findet ein breites Echo bei den europäischen Revisionisten und demokratischen Sozialisten. Auf der Konferenz der Zweiten Internationale in Bern Anfang Februar 1919 setzt sie sich jedoch trotz der Unterstützung durch die deutschen, skandinavischen und belgischen Sozialdemokraten gegen die Mehrheit der französischen, österreichischen und niederländischen Delegierten nicht durch.[138] In der folgenden Zeit bildet die unterschiedliche Wahrnehmung und Bewertung der *Diktatur* – der Begriff wird von Lenin im Sinn gänzlicher Freiheit von gesetzlichen Bindungen verstanden![139] – eine deutliche Trennungslinie zwischen Kommunisten und demokratischen Sozialisten. Nicht zufällig wird die Auseinandersetzung mit den Diktatur-Elementen des Kommunismus von den dreißiger bis zu den achtziger Jahren des 20. Jahrhunderts zu einem Leitthema für alle, die sich vom Kommunismus abwenden – von Ignazio Silone[140] bis zu Margarete Buber-Neumann, Ernst Fischer, Alfred Kantorowicz, Arthur Koestler, Gustav Regler, Manès Sperber und vielen anderen.[141]

Der italienische Faschismus wirft weltgeschichtlich kürzere Schatten als der russische Kommunismus – aber auch er ist von Anfang an von einem Geflecht des Pro und Contra, des Streits um die richtige Namengebung und Einordnung umgeben. *Fascismo* ist, wie bekannt, eine historische Anspielung auf die *fasces* (Rutenbündel), das Amtssymbol der Magistrate in der römischen Republik. *Fasci*, Bünde, gibt es in Italien schon im späten 19. Jahrhundert – Zusammenschlüsse unterschiedlicher Art, die von den christlichen „Fasci democratici cristiani" im Anschluss an Papst Leos XIII. Enzyklika *Rerum novarum* von 1891[142] bis zu den sozialrevolutionären „Fasci dei lavoratori" derselben Zeit in Sizilien[143] reichen. Der Name lag also schon bereit, und Mussolini hielt sich in gewohnten Bahnen, als er 1915, bei der Agitation für den Kriegseintritt Italiens, die „Fasci d'azione revoluzionaria" gründete. Altrömisches schwingt in dieser Benennung mit – und mit dem gleichen Recht, mit dem Karl Marx von der Französischen Revolution sagte, sie sei im römischen Kostüm auf die Bühne der Geschichte getreten,[144] konnte man das auch vom italienischen Faschismus sagen. Dieser hat, im Unterschied zum Bolschewismus, deutliche historische Bezugspunkte, er zielt eher auf eine revolutionäre Erneuerung des Staates nach antikem Muster als auf eine vorbildlose „neue Zeit", einen nie dagewesenen „neuen Menschen". Darin liegt ein Moment der Begrenzung: Die Liktorenbündel sind ein staatliches Symbol. Mussolinis faschistische Bewegung toleriert zwei Jahrzehnte lang ein staatliches Gehäuse samt der Monarchie und ihren Institutionen und gewährt eine zwar eingeschränkte, aber doch fühlbare gesellschaftliche Autonomie für Kirche, Wirtschaft, Kultur, mit offenen Bündnisangeboten an die alten Eliten.

Paradoxerweise entzündet sich jedoch gerade am italienischen Beispiel die internationale Diskussion über die schrankenlose politische Gewalt, den nicht mehr dem Gesetz unterworfenen Staat. In den zwanziger Jahren kennzeichnen italienische Regimegegner den Faschismus als „sistema totalitario" und als „totalitarismo". Damit ist ein Begriff geboren, der internationale Verbreitung findet und bald auch auf den Kommunismus – und später auf den Nationalsozialismus – angewendet wird.[145] Später kommen religiöse Deutungen hinzu. Sie münden in den späten dreißiger Jahren in die Begriffe der „politischen" oder „säkularen" Religionen ein – auch dies Sprechweisen, die sich international verbreiten.[146] Das heißt: Gegenüber den Selbstbezeichnungen der neuen revolutionären Regime – Kommunismus, Faschismus, Nationalsozialismus – erstarkt jetzt die kritische Fremdwahrnehmung von außen. Die neuen Wortbildungen machen Gemeinsamkeiten sichtbar, reihen die individuellen Erscheinungen verschiedener Länder zu „Typen" und „Mustern". Die Phänomene und ihre Deutung werden Gegenstand einer internationalen philosophisch-politischen Diskussion. Sie verlassen den Bereich der politischen Landeskunde, des Russischen, Italienischen, Deutschen. Ihre säkulare Dimension wird sichtbar.

Es ist bezeichnend, dass es selbst einer so stürmischen und gewalttätigen Bewegung wie dem Nationalsozialismus nicht mehr gelingt, ihre eigene Selbstbezeichnung („Nationalsozialismus") international verbindlich durchzusetzen. Der deutsche Nationalsozialismus wird zunächst in aller Welt als eine Fortsetzung des italienischen Faschismus wahrgenommen – die Braunhemden sind für viele nichts anderes als eine Variante der Schwarzhemden. Das Attribut „faschistisch" wird dem Nationalsozialismus ganz selbstverständlich angeheftet. Dabei spielen verschiedene Dinge zusammen: die gering entwickelte Intellektualität der Nationalsozialisten, die es mit dem Formulierungs-Ehrgeiz Mussolinis und seiner *Dottrina del fascismo*[147] nie auch nur von fern aufnehmen konnte; die ausgeprägte Sprachallergie der Kommunisten gegenüber einem als Konkurrenz auftretenden Sozialismus;[148] endlich die schon erwähnte Ausbildung und Verfestigung eines internationalen Theorierahmens, der die Wahrnehmung der Einzelphänomene relativierte und dem Gemeinsam-Allgemeinen vor dem Individuell-Besonderen den Vorzug gab.

Faschismus und Nationalsozialismus hatten gewiss viele Gemeinsamkeiten. Sie unterschieden sich aber auch in nicht wenigen Punkten. So fehlte der Antisemitismus bis 1938 im politischen Haushalt der italienischen Faschisten fast völlig. Auch das Staatsverständnis war verschieden. In Italien hatte das faschistische Regime nie alle Brücken zur Vergangenheit abgebrochen. Umgekehrt war der Nationalsozialismus stets mehr als ein „totaler Staat"; im Zweifel gab gegenüber Staat und Recht stets „die Bewegung" den Ausschlag. Die Unterschiede reichen bis in die Symbolik und Emblematik hinein: Erhebliche Differenzen liegen zwischen den braunen Erdfarben der NS-Bewegung und dem stilisierten „staatlichen" Schwarz der Faschisten, zwischen den germanisch im Wind vorausflatternden Fahnen und den starren faschistischen Standarten, zwischen dem Amtssymbol des Liktorenbündels und dem Heilszeichen der Swastika.[149] Das Pathos des „faschistischen Schwurs", die Beschwörung des „Dritten Rom" und einer Africa Orientale Italiana mag im nachhinein übersteigert und oft lächerlich erscheinen – gegenüber der Blut-und-Boden-Mystik und dem stummen und dumpfen Fanatismus von SA und SS ist es mit seinem Einschlag des Theatralischen und Rhetorischen zweifellos eine andere, kaum vergleichbare Version.

84

Im Übrigen darf man nicht vergessen, dass neben den Neologismen *Totalitarismus* und *Politische Religionen* auch das klassische politische Vokabular bei der Wahrnehmung der neuen Regime noch immer eine maßgebliche Rolle spielte.[150] Mit der Lehre von den guten und schlechten Regierungsformen und den ausgearbeiteten Analysen von Tyrannis und Despotie reichen die aristotelischen Termini[151] tief in die Neuzeit, ja noch bis ins 20. Jahrhundert hinein. Trotz ihrer Marginalisierung im Zuge des vordringenden staatsrechtlichen Positivismus und Relativismus (besonders in Kontinentaleuropa)[152] sind sie in den ersten Reaktionen auf die sich etablierenden kommunistischen, faschistischen und nationalsozialistischen Regime durchaus gegenwärtig und erlauben eine vorläufige Verständigung. So kennzeichnet Eduard Bernstein 1918 die frisch etablierte Sowjetrepublik kurzerhand als „Tyrannei"[153], ein Urteil, dem sich u. a. Bertrand Russell und Luigi Sturzo anschließen.[154] Élie Halévy spricht 1936 von einer europäischen „ère des tyrannies"; sein thesenartiger Essay veranlasst Raymond Aron drei Jahre später, seinerseits über „die Entstehung der russischen, italienischen bzw. deutschen Tyranneien" zu reflektieren – mit der folgenreichen Formulierung, die Epoche der modernen Tyranneien (Aron verwendet auch den Begriff „totalitäre Regime") sei zugleich eine Epoche „politischer Religionen".[155]

Es kann also keine Rede davon sein, Tyrannis und Despotie seien im Europa des 20. Jahrhunderts nur noch antiquarische Begriffe gewesen. Vor allem in Großbritannien und den USA ist die Resistenz des klassischen Vokabulars beeindruckend stark. Gelehrte wie Leo Strauss und Eric Voegelin haben die Existenz dieser klaren und keineswegs wertfreien Terminologie immer als sichernden Rückhalt im Kampf gegen die verführerische Kraft des modernen Historismus und Relativismus empfinden.[156] Umgekehrt waren selbst Kritiker der klassischen Tradition und des Naturrechts wie Hans Kelsen in den USA genötigt, ihre rechtsphilosophischen Zweifel moderater zu formulieren oder ganz zu verschweigen. So konnte Leo Strauss an Kelsen die unschuldig klingende Frage richten, warum dieser denn in der englischen Übersetzung seiner *Allgemeinen Staatslehre* die Sätze weggelassen habe, in denen er behauptete, selbst in der Despotie bestehe eine Rechtsordnung, und in denen er den Kritikern dieser Meinung „naturrechtliche Naivität oder Überhebung" vorwarf.[157] Natürlich kannte Strauss die Antwort: Im anglo-amerikanischen Kontext kann man eben „nicht so leicht über ‚naturrechtliche Naivität oder Übertreibung' sprechen und schreiben wie im deutschen Sprachraum".[158]

Man vereinfacht die Dinge kaum, wenn man bezüglich der Benennung totalitärer Regime seit 1919 drei geographische Zonen unterscheidet: den angelsächsischen Raum[159], in dem das klassische Vokabular am stärksten präsent war (und später auch systematisch erneuert wurde); Italien und Deutschland[160], wo es am meisten marginalisiert erscheint (dort wird an seiner Stelle seit den zwanziger Jahren der Diktaturbegriff reaktiviert!); das übrige Europa[161], wo sich nach 1923 und nach 1938 die neuen Begriffsbildungen des *Totalitarismus* und der *Politischen Religionen* ausbreiteten. Bei letzterem Vorgang kommt osteuropäischen Vermittlern wie Waldemar Gurian (und später Zbigniew K. Brzezinski) ein entscheidender Einfluss zu. In den dreißiger und vierziger Jahren erobert dann die Totalitarismusthese auch den angelsächsischen Raum. Sie herrscht dort jedoch nie konkurrenzlos. Selbst ein so wichtiger Vertreter des Totalitarismuskonzepts wie George Orwell, dessen Aufmerksamkeit vor allem den Vorgängen in Deutschland und Russland gilt („deutsche Nazis und russische Kommunisten" ist seine Standardformel für das totalitäre Personal!), gebraucht das Adjektiv „totalitär" synonym mit „tyrannisch" und „despotisch".[162]

3. Religionsersatz oder „Neue Religionen"?

Fragt man nach dem Ertrag von nun bald 80 Jahren Totalitarismusdiskussion und –forschung,[163] so fällt vor allem die Fülle empirischer Beobachtungen und Untersuchungen ins Auge, die das „Zeitalter der Gewalt" den späteren Betrachtern zur Erinnerung und Warnung hinterlassen hat. Entgegen dem Anschein einer pauschalen und deduktiven Vorgehensweise hat die Totalitarismusforschung eine kaum übersehbare Zahl analytischer Einzelstudien zur Politik hervorgebracht – in engem Zusammenwirken historischer, philosophischer, politischer und juristischer Disziplinen. In ihnen kommt ein Grundthema des 20. Jahrhunderts zur Sprache, das auch für künftige Generationen wichtig bleibt: die Entgrenzung der politischen Gewalt, ihre Loslösung von rechtlichen und sittlichen Normen, ihre Perversion zur tyrannischen „reinen Macht".

Das beginnt – wie Amendolas frühe Gegenüberstellung des *sistema maggioritario, minoritario* und *totalitario*[164] zeigt – bereits mit der Abkehr vom Mehrheitsprinzip, vom parlamentarischen System und von den Regularien des Rechtsstaats.[165] Es setzt sich fort mit der Konzentration auf einen „Führer", der alle Macht an sich reißt und Zug um Zug zum Alleinherrscher wird – unter Aufhebung gewaltenteilender und pluralistischer Schranken und unter Vernichtung sämtlicher Gegner.[166] Es folgt die Monopolisierung der Macht mit Hilfe einer einzig zugelassenen Massenpartei, einer terroristischen

Geheimpolizei, einer Propaganda, die Gedanken, Meinungen, Nachrichten, Forschung und Künste lenkt und reguliert. Schließlich sichert der Terror – als „reguläre Willkür" massiv oder dosiert eingesetzt – das Funktionieren der auf Reflexe von Befehl und Gehorsam reduzierten Gesellschaft. Ihren Gipfel erreicht die Auflösung rechtlich geordneter Herrschaft mit dem Zerbrechen des für alle geltenden Gesetzes: Wenn Menschen von vornherein außerhalb der Rechtsgemeinschaft gestellt werden (wegen ihrer Zugehörigkeit zu einer Rasse oder Klasse), wenn sie nicht mehr belangt werden für das, was sie *tun*, sondern für das, was sie *sind*, dann ist der Punkt erreicht, von dem es keine Rückkehr zu geordneten Verhältnissen mehr gibt. Mit Recht hat man daher in der Figur des „objektiven Feindes" ein Kriterium totalitärer Herrschaft schlechthin gesehen.[167]

Die Totalitarismusforschung erzählt so auf neue Weise die alte Geschichte vom „Abgleiten" (παρέκβασις) politischer Ordnungsformen in ihr Gegenteil, vom Umschlag einer guten in eine schlechte Regierungsform. Sie erweist dabei den klassischen Denkmustern eine ungewollte Reverenz. Wie im antiken Stadtstaat scheint auch im 20. Jahrhundert das Gefährliche in den Anfängen zu liegen. Die ersten Schritte vom Weg geschehen halb unbewusst und werden kaum bemerkt. Das Abgleiten vollzieht sich unter aufmunternden Zurufen der Mehrheit. In allgemeiner Euphorie nimmt der Anfang der „frischfröhlichen Tyrannis" seinen Lauf. Was dann folgt, ist fast zwangsläufig – die Verfestigungen des schlimmen Zustands sind kaum mehr rückgängig zu machen.

Es wäre ein Irrtum zu glauben, die politische Gewalt träte in totalitären Systemen nur mit Drohung und Terror auf den Plan, sie wäre einzig etwas, was Furcht und Zittern verbreitete und zu blindem Gehorsam zwänge. Die totalitäre Gewalt und ihr Machtzentrum, die Partei, lebt nicht nur aus der Kraft zur faktischen Durchsetzung ihrer Ziele, aus dem Faustrecht des Stärkeren – sie lebt ebenso sehr, wenn nicht noch mehr, aus ihrem Anspruch, *das Richtige, das Wahre zu wissen.* Die Partei ist eingeweiht in die Zwecke der Geschichte; sie weiß, wohin die Entwicklung führen wird; wer sich ihr anschließt, ist bei den Siegern; die anderen sind zum Untergang verurteilt, sie landen auf dem bekannten „Müllhaufen der Geschichte". „Die Partei, die Partei hat immer Recht."[168] Es ist diese Ausrüstung mit einer untrüglichen – oder doch untrüglich scheinenden – Ideologie, welche den totalitären Bewegungen ihre Durchschlagskraft verleiht. Nicht nur Hände und Füße werden gefangen genommen, sondern auch das Denken. Partei und Ideologie stützen sich gegenseitig: aus der Einsicht in das (scheinbar) Notwendige erwächst die intellektuelle Sicherheit, die revolutionäre Leidenschaft, die Bereitschaft, alles, und sei es auch das Schrecklichste, im Dienst der „neuen Zeit" zu tun. Eine kohärente Welterklärung, ausgestattet mit dem Schein der Wissenschaftlichkeit, gibt den totalitären Bewegungen ihr erschreckend gutes Gewissen.

Die Entfesselung der Gewalt in den modernen Totalitarismen ist ein erschreckendes Schauspiel. Vieles sprengt fast die Grenzen menschlicher Vorstellungskraft. Ergänzt man die Ergebnisse der Täter-Forschung durch die Zeugnisse der Opfer,[169] so hat man ein Pandämonium des Schreckens vor sich – hier das Maschinenbuch des Terrors, dort der Schrei der gequälten und zerstörten Menschlichkeit. Die Realität übertrifft nicht nur das, was von den Schrecknissen antiker Tyrannis überliefert ist – sie geht auch über die schwarzen Utopien der modernen Literatur, von Kafkas *Strafkolonie* (1919) bis zu den Romanen von Huxley und Orwell, noch hinaus.

Dennoch: Erschreckender als die totale Entfesselung der Gewalt ist ihre ebenso totale Rechtfertigung durch entlastende Philosophien und Ideologien. Hier berühren wir ein weiteres Spezifikum totalitärer Herrschaft im 20. Jahrhundert. Es ist in der Geschichte ohne vergleichbares Gegenstück. Albert Camus hat die Differenz in *L'homme révolté* scharf charakterisiert: Angesichts der Verbrechen vergangener Tyranneien konnte „das Gewissen fest und das Urteil klar sein". Im Zeitalter des vollkommenen Verbrechens dagegen hat sich die *libido dominandi* „ein unwiderlegbares Alibi, die Philosophie nämlich", verschafft. Sie könne zu allem dienen, meint Camus, sogar dazu, die Mörder in Richter zu verwandeln.[170]

Die rechtfertigenden Ideologien, welche die Entgrenzung der politischen Gewalt begleiten, nähren sich aus Potentialen und Ressourcen, die seit dem 19. Jahrhundert bereitliegen, ja zum Teil noch älter sind. François Furet[171], Hermann Lübbe[172] und Daniel Suter[173] haben auf die Verbindung von Reinigung und Terror, revolutionärer „Unbestechlichkeit" und Gewaltentfesselung schon in der Französischen Revolution hingewiesen. Marie-Joseph Le Guillou hat am Modell des „französischen, deutschen und russischen Zyklus" Ähnlichkeiten in der Vorgeschichte der modernen, die totalitäre Gewalt fundierenden Ideologien und Organisationen herausgearbeitet.[174] Als periodisch wiederkehrende Phänomene treten auf:

a. die Loslösung des Denkens einer neuen „Intelligentsia" von der kontrollierten Welt der Schulen, Universitäten, Akademien,

b. das Hervortreten einer Schicht von Aktivisten, welche die Umwandlung der Gesellschaft mit Hilfe einer spezifischen Welt- und Geschichtserklärung in Angriff nimmt,

c. die Entstehung militanter, nicht an pluralistischer Konkurrenz, sondern an Alleinherrschaft orientierter Parteien, die zugleich als Hüter einer reinen Lehre auftreten, endlich

d. der Gebrauch der Sprache nicht zum Zwecke der Kommunikation, sondern der Herrschaft, was zu Verflachung und Formelhaftigkeit, Wirklichkeitsverlust und wahnhaften Vorstellungen führen muss.[175]

Aus diesem bunten und wirren Ideologiegeflecht lösen sich zwei Stränge heraus, die im 20. Jahrhundert eine besondere Virulenz entfalten: jene Ideologien, deren Zentralbegriffe „Klasse" und „Rasse" heißen. Mag man der ersten noch die Verbindung mit einem philosophischen Lehrgebäude und eine gewisse dogmatologische Geschlossenheit zugute halten, so kann sich das nationalistische und rassistische Denken nur pseudowissenschaftlich, aus einem sehr schlichten Naturalismus, einem vergröberten Sozialdarwinismus rechtfertigen. Das hindert seine Wirkung in Krisenzeiten freilich nicht: Was ihm an lehrsatzmäßigen Glaubens-Elementen abgeht, das kompensiert es durch eine diffuse, aber starke emotionale Gläubigkeit.

Die Formeln „totalitär" und „Totalitarismus" kennzeichnen präzise die Entgrenzung der politischen Gewalt im 20. Jahrhundert. Nach wie vor erscheinen sie mir unentbehrlich, wenn es darum geht, die Emanzipation moderner Gewaltregime vom rechtsstaatlichen Gesetz zu analysieren – jene Selbstvergrößerung, anarchische Freisetzung und Totalisierung des Politischen zwischen 1917 und 1989, die in einem so schneidenden Gegensatz steht zu den Bemühungen um rechtsstaatliche und demokratische Machtkontrolle in der Zeit davor und danach. Aber genügt die sorgfältige Bestimmung totalitärer Merkmale und Attribute schon, um das historisch Neue zu bezeichnen?[176] Führt nicht schon der Begriff der Ideologie über die Grenzen einer phänomenologischen Betrachtung weit hinaus? Was veranlasst totalitäre Systeme *von sich aus*, nicht nur schrankenlose Handlungsfreiheit für sich zu beanspruchen, sondern zugleich die Logik der eigenen Rechtfertigung bis ins Absurde zu treiben?[177]

Dass in den modernen Totalitarismen religionsähnliche Energien verborgen seien, dass sich manche ihrer Züge nur so erklären ließen, ist nicht erst seit den „Klassikern" Eric Voegelin und Raymond Aron[178] immer wieder behauptet worden. Im Rückblick fällt auf, wie sehr schon die Russische Revolution von zeitgenössischen Betrachtern als ein apokalyptisches Ereignis gesehen wurde.[179] Aber auch die italienischen Faschisten beeilten sich, mit dem „Marsch auf Rom" eine gänzlich neue Zeit beginnen zu lassen, wie es schon die französischen Revolutionäre 1792 getan hatten.[180] Und beim millenarischen „Dritten Reich" wetteiferten Anhänger und Gegner miteinander um religiöse Deutungen: auf der einen Seite „Heil statt Halleluja", nazistisch umgedeutete Liturgien und der Versuch, die christlichen Feste in ein nationalsozialistisches „Feierjahr" umzuwandeln[181] – auf der anderen Seite die Entlarvung des Dritten Reiches als „Reich der niederen Dämonen" und der Nazis als „Wiedertäufer".[182]

Der Weltkrieg hatte die liberale Kultur Europas in den Abgrund gerissen. Im Chaos von Krieg und Nachkriegszeit wurden viele Menschen anfällig für neue Heilslehren. Der Frühling der Heilbringer war ein gesamteuropäisches Phänomen – nach 1918 und erst recht nach 1933. Mit seinem dreisten und barschen Auftreten stand Hitler in diesen Jahren keineswegs allein. Diktatoren herrschten in großen Teilen des Kontinents, vor allem im Süden und Osten. Dass sich Hitler dauerhaft an die Spitze dieser Bewegung setzen konnte, verdankte er seinen medialen Fähigkeiten und seinem beschwörenden Erlösergestus. Hitler war eine Membran des Zeitgeists. Vor einem großen Publikum konnte der sonst wenig auffällige Mann mit dem „teigigen Gesicht" und den „braunen Knopfaugen" sich plötzlich in eine „abwechselnd flehentlich bittende, schwermütige oder rasende Kraft verwandeln, die auf eine Zuhörerschaft losgelassen wurde, die am Ende nicht mehr wusste, ob sie die treibende Kraft war oder gegen ihren Willen getrieben wurde".[183]

In jüngster Zeit hat Michael Burleigh – auf Konrad Heiden und Eric Voegelin zurückgreifend – den Nationalsozialismus als „großes Versprechen", als verheißungsvollen Zukunftsappell, als Heraufkunft einer „neuen Zeit" und eines „neuen Menschen" dargestellt.[184] Dabei fällt auch Licht auf die so beschämend rasche Preisgabe des Rechtsstaats 1933/34. Burleighs These: Nur ein Volk, das Politik als Glaubenssache missversteht und sich einem „charismatischen Führer" in die Arme wirft, kann – „der Not gehorchend" – seine Freiheiten preisgeben und endlich im Taumel des Erfolgs den Unterschied von Gut und Böse aus den Augen verlieren. Dabei bewertet Burleigh auch die in ihrer Wirkung oft unterschätzte „Weltanschauung" des Nationalsozialismus neu. „Es war eine Remystifizierung der Naturwissenschaft und der Natur selbst, mit der Konsequenz, dass Klarheit mit Unergründlichkeit vereinbar wurde, Religion mit Naturwissenschaft, pubertäre Morbidität mit Vitalismus …" So kam es, „dass der Rückgriff auf die Sprache der Parasitologie ihre eigene kompromisslose Logik und Radikalität entfaltete und diejenigen in ihrem Hygieneeifer bestärkte, die es in diesen ‚eisernen Zeiten' auf sich nahmen, den ‚eisernen Besen' in die Hand zu nehmen und mit ihm die Welt von infektiö-

93

sen rassischen Fehlentwicklungen zu befreien. Das war Politik als biologische Sendung gedeutet, aber in religiöse Formen gegossen."[185]

Tatsächlich gerät der Historiker, der sich mit den modernen Totalitarismen befasst, auf Schritt und Tritt an religiöse Phänomene. Ob es sich nun um Feste und Feiern handelt, um den überall gegenwärtigen Personenkult (und Totenkult!), um die Mystik des „Großen Plans", um religionsähnliche Zeichen, Symbole, Embleme[186], aber auch um den Alltag, der mit forderndem Anspruch – in Abhebung von christlichen Traditionen – neu gestaltet wird:[187] überall streben die totalitären Regime einer fast antiken Nähe des Kultischen und des Politischen zu, überall sind sie bestrebt, die im Christentum wurzelnden Dualismen von Individuum und Öffentlichkeit, Gesellschaft und Staat rückgängig zu machen. Aber sie verarbeiten auch christliche Elemente, zum Teil in usurpatorischem Zugriff:[188] So kehrt mit dem Kommunismus ein religiöser Wahrheitsanspruch in die Politik zurück;[189] und es entfaltet sich eine Glaubensgeschichte mit sakrosankten Texten, berufenen Auslegern, strafbewehrter Sorge um die Reinheit des Glaubens. Ketzer, Dissidenten, Apostaten, Renegaten[190] werden verfolgt und notfalls vernichtet. Katechetisches Durchbuchstabieren eines *Glaubens* – Buchreligionen eigentümlich – finden wir in den diffuseren Weltanschauungen des Faschismus und des Nationalsozialismus nur in Ansätzen; dafür waltet dort eine umso intensivere emotionale *Gläubigkeit*. Dementsprechend differenzieren sich auch die weltanschaulichen Rechtfertigungssysteme: Auf der einen Seite steht die Präsenz des Marxismus-Leninismus als einer umfassenden quasi-philosophischen Geschichts- und Welterklärungslehre, auf der anderen Seite der teils antike, teils durch Nietzsche und Sorel vermittelte

Schicksalsglaube Mussolinis – und endlich der aus Naturge-
setzlichkeit und christlichem Sich-erwählt-Fühlen seltsam ge-
mischte Begriff der „Vorsehung" bei Hitler.[191]

Gegen die Verwendung religiöser Kategorien zur Deutung totalitärer Systeme werden meist zwei Einwände vor-
gebracht. Einmal: Lenin, Stalin, Mussolini, Hitler seien alles
andere als religiöse Menschen (oder gar Religionsgründer!)
gewesen, im Gegenteil, sie hätten – mit Ausnahme Mussolinis – die Kirchen verfolgt. Und zweitens: Ein so ehrwürdiger
Begriff wie der der Religion eigne sich kaum als Deutungs-
kategorie für den Bereich der Totalitarismen. Zumindest ge-
rate er, so verwendet, in einen Bereich der Zweideutigkeiten.
Wenn gar die Rechtfertigungssysteme totalitärer Regime in
die Nähe von „Religionen" gerückt würden, müsse heillose
Verwirrung entstehen. Wo sei dann am Ende noch ein Unterschied zwischen Religion und Verbrechen?

Es ist richtig, dass Lenin, Mussolini und Hitler keine Re-
ligionsstifter waren. Ihr Verhältnis zur Religion war auf unterschiedliche Weise fremd, feindlich oder kühl. Lenin hielt
jede religiöse Idee, „jede Idee von einem Gott" für eine „un-
sagbare Abscheulichkeit" (Brief an Maxim Gorkij vom
14.9.1913). Mussolini blieb zeitlebens, was die Religion
anging, ein Pragmatiker und Ordnungspositivist; er sah die
Kirche als eine Organisation, eine öffentliche Macht – aber
keineswegs als eine Institution des Glaubens und der Gläubigen. Mit Hitler dürfte es ähnlich stehen. Respekt vor der Institution Kirche, ihrem organisatorischen Zusammenhalt, ihrer pädagogischen Formkraft, ihrer „Macht über die Seelen"
verbindet sich bei ihm mit der scharfen Ablehnung der
„Pfaffen" und mit einem Geschichtsbild, das in jüdisch-
christlichen Traditionen geradezu einen Sprengsatz sieht –
das Christentum als Ferment der Auflösung, als Vorstufe

des Bolschewismus![192] Für den religionsstiftenden Eifer eines Rosenberg, für den Ritualismus eines Himmler, für alle diejenigen in der Partei, die die nationalsozialistische Weltanschauung religiös-kultisch ausformen wollten, hatte er nur Hohn und Spott.

Das hindert nicht festzustellen, dass es unter den Anhängern Lenins, Mussolinis, Hitlers ohne Zweifel religiös bewegte Menschen von echter subjektiver Gläubigkeit gab, sei es, dass sie in diesen Diktatoren religiöse Figuren sahen, zu denen man aufschaute, die man verehrte, sogar anbetete – es gibt viele Zeugnisse dafür –, sei es, dass die Lehren, die von den neuen Machtzentren, den Parteien und Bewegungen ausgingen, nun ihrerseits als religiöse Botschaften interpretiert wurden. Kein Zweifel, viele der Aktivisten, der Helfer und Mitläufer totalitärer Parteien verstanden ihren Dienst nicht als Anti-Religion, sondern durchaus als Religion. Sie fühlten sich als Täuflinge einer neuen Kirche, als Adepten einer neuen Rechtgläubigkeit. Daraus erklärt sich ihr Eifer, ihre Dienstwilligkeit, ihre Leidenschaft, die über politische Erwägungen und Rationalitäten weit hinausging. Ohne diesen religiösen oder jedenfalls religionsähnlichen Eifer ist vieles nicht zu erklären, was der Geschichte der modernen Despotien ihr Gepräge gibt: die hohe Loyalität und Gehorsamsbereitschaft vieler, die nicht allein aus Terror und Angst erklärt werden kann, die Unempfindlichkeit gegenüber Kritik und Zweifeln, das Gefühl, eine Mission zu erfüllen, die Gefolgschaftstreue und Leidensbereitschaft.[193]

Ernster ist der zweite Einwand zu nehmen. Natürlich widerstrebt es uns, die verhängnisvolle Entschlossenheit der Täter, ihre Unempfindlichkeit gegenüber humanitären Regungen, ihr düster-entschiedenes „Es muss sein!" mit „Religion" in Verbindung zu bringen. Eher meinen wir mit Popper den Schlüssel des totalitären Fanatismus in einem säkularen „Glauben an die Geschichte" gefunden zu haben – oder mit Le Guillou in einem szientifischen Allmachtswahn, der die Wirklichkeit dem Wunsch gefügig machen will. Bestenfalls sei für solche Tendenzen, so lautet eine weit verbreitete Meinung, der Ausdruck „Religionsersatz" (oder „Ersatzreligion") am Platz. Tatsächlich hatten zeitgenössische Betrachter diese Kennzeichnungen schon früh auf Kommunismus und Nationalsozialismus angewandt.[194]

Aber was ist es denn, das hier „ersetzt" wird? Schon die Religionsphänomenologie der Jahrhundertwende hatte, wie oben dargetan, im Gesicht des Religiösen die archaischen Züge neu entdeckt, die in einer Betrachtung der Religion „innerhalb der Grenzen der bloßen Vernunft" nicht gesehen oder ausgeblendet werden: Schrecken und Heil, unbedingte Hingabe und unbeirrbare Gefolgschaft, das *tremendum et fascinosum* der Religion, ihr „Credo quia absurdum", ihr *sacrificium intellectus*. Wenn Eric Voegelin Rasse und Klasse als innerweltlichen Höchstwert (*Realissimum*) politischer Religionen bezeichnet,[195] wenn Hannah Arendt in den Mittelpunkt ihrer Analysen des Totalitarismus das „eiserne Band des Terrors" stellt,[196] so machen sie sich – ebenso wie Romano Guardini in seinem *Heilbringer*[197] – diesen auf seine alten Dimensionen erweiterten Religionsbegriff zunutze. Sie beschreiben die modernen Totalitarismen als freiwillig-unfreiwillige Wiedergänger archaischer Religiosität.

Religion ist nichts Harmloses. Sie hat gewinnende und schreckliche Züge, anziehende und abstoßende Seiten.[198] Das dürfte dem teilnehmenden Beobachter nicht erst seit dem 11. September 2001 deutlich sein. Für die zeitgeschichtliche Analyse kommt es m. E. darauf an, keinen dieser Züge außer Acht zu lassen und das Instrumentarium religionshistorischer und -psychologischer Methoden in seiner ganzen Breite zu nutzen. Sonst verstellt man sich leicht Zugänge zu dem „ins Entsetzliche verstiegenen" Bewusstsein der Täter[199] und zur absurden Logik ihrer Rechtfertigungen – zu jener „Maskerade des Bösen", von der Dietrich Bonhoeffer gesagt hat, sie habe unsere „ethischen Begriffe durcheinandergewirbelt".[200] Auch die Begriffe von Recht, Politik und – nota bene – Religion![201]

V. Politische Martyrer?
Zu jüngsten Erweiterungen des Martyrerbegriffs in der Gegenwart

In der Gegenwart, vom Ersten Weltkrieg bis heute, hat sich der überlieferte Begriff des Martyrers stark erweitert – so stark wie wohl noch nie in seiner langen Geschichte. Das zeigt ein Blick in die Wörterbücher und in die Literatur, das zeigt die heutige Verwendung des Wortes in Presse, Funk, Fernsehen, Internet – und das bestätigt nicht zuletzt die Alltagssprache.

Nicht nur die historischen Martyrer sind in der Gegenwart in traditionellen Formen präsent – so etwa, wenn am zweiten Weihnachtsfeiertag nach alter Gewohnheit in vielen Kirchen über den „Erzmartyrer" Stephanus gepredigt wird, wenn an Martyrerreliquien erinnert wird, Martyrergräber und -gedenkstätten neu entdeckt werden oder wenn bei der Einweihung eines Denkmals für einen Stadtpatron der Hinweis nicht fehlt, dass er ein Martyrer war. Präsent sind im öffentlichen Gedächtnis auch die „Martyrer der Gegenwart". Damit sind meist Menschen gemeint, die gegen die Despotien des 20. Jahrhunderts (Kommunismus, Faschismus, Nationalsozialismus) kämpften und dabei ihr Leben verloren, aber auch Kämpfer gegen Menschenrechtsverletzungen, Gewalt, Unterdrückung, unmenschliche Zustände aller Art in jüngster Zeit.

Neben diesem Wortgebrauch, der in der Tradition wurzelt und sie fortführt, hat sich ein politisch-humanistischer Martyrerbegriff von allgemeinerem Zuschnitt etabliert: So spricht man heute von Martyrern der Befreiung, der Emanzipation, des gewaltlosen Widerstands, der Demokratie, der Frauen-, Männer-, Kinderrechte, der Umwelt usw. Und in jüngster Zeit kommen Erweiterungen des Begriffs ins Militante, Kriegerische hinzu – das Martyrium, verstanden als Selbstopfer und zugleich als Waffe: Soldaten, Partisanen, Attentäter, Kamikazekämpfer, die sich selbst als „Martyrer" bezeichnen oder die von anderen mit diesem Namen belegt werden.

Im Blick auf die große Schar historischer Martyrer spricht die kirchliche Tradition mit anschaulichen Worten von der „Wolke der Zeugen" (Hebr 12, 1), der „großen Schar" (Offb 19), dem „strahlenden Heer" (Ambrosius). Die heutige Martyrer-Vielfalt (und die heutige weit ausgreifende und diffuse Martyrer-Terminologie!) gleicht dagegen eher einem wuchernden Tropenwald. Im Folgenden versuche ich ein paar Schneisen durch das Dickicht zu ziehen. (Natürlich ist jeder derartige Versuch ein Risiko.) Zunächst einige Beobachtungen zur Wort- und Bedeutungsgeschichte von „Martyrer" und „Martyrium" speziell im Deutschen (1). Sodann ein Versuch, genauer zu erfassen, in welche Richtungen sich die Martyrer-Semantik in jüngster Zeit erweitert und verändert hat (2). Abschließend eine Frage zur Bewertung: Was bedeutet ein erweiterter Martyrerbegriff für Theologie und Kirche und für das Verhältnis der Religionen zueinander (3)?

1. Martyrer des Glaubens – Martyrer der Welt

Das griechische Wort *martyrion* bedeutet „Zeugnis vor Gericht".[202] Der es ablegt, heißt *martys*, „Zeuge". Im christlichen Verständnis handelt es sich freilich nicht einfach um ein beliebiges Zeugnis in einer beliebigen Sache. Vielmehr ist der *martys* = Martyrer ein Zeuge, der bereit ist, mit seinem Zeugnis bis zum Äußersten, bis zum Opfer seines Lebens zu gehen – ohne dass er dieses Opfer leichtfertig riskiert oder gar sehnsüchtig danach strebt. Er wird zum Opfer, weil er eine Wahrheit bezeugt. Er geht für seinen *Glauben* in den Tod. Aus einem *Zeugen* wird er – wie das deutsche Wort anschaulich sagt – zu einem *Blutzeugen*. Dabei sind zwei Dinge entscheidend: einmal die von außen gesetzte, nicht selbstgeschaffene oder gar selbstprovozierte *Verfolgungssituation* – und sodann die *Verbindung* des Martyrers mit *Christus* und mit der *Kirche*, welche die Legitimation für das Blutzeugnis schafft. Es handelt sich um ein „Martyrium gemäß dem Evangelium", wie es in einer frühchristlichen Quelle, dem *Martyrium des Polykarp*, heißt. Welchen Tod der Martyrer stirbt, wie die Umstände seines Martyriums im Einzelnen beschaffen sind, welche Qualen ihm zugefügt werden, dies alles spielt dabei erst in zweiter Linie eine Rolle: Entscheidend ist die aus dem Glauben erwachsende Bereitschaft zum Blutzeugnis in der Nachfolge Jesu, des „treuen Zeugen" (Offb 1, 5). Wie es Augustin ausdrückt: „Christi martyrem non facit poena sed causa."[203] Nicht „die Pein", die ihm angetan wird, macht den Martyrer, sondern „die Sache", für die er steht und Zeugnis ablegt – eine *Sache*, die zugleich *Ursache (causa)* seiner Verfolgung von Seiten der „Feinde Christi" ist.

Die neueren Sprachen haben den Martyrerbegriff aus dem Lateinischen übernommen (das ihn wiederum aus dem Griechischen entlehnte). Im Deutschen ist er bis heute ein gebräuchliches Lehnwort. Dabei betonte das Deutsche weniger den alten Sinn der *Zeugenschaft* – es setzte vielmehr eigene Akzente, indem es das *Leiden*, die Qualen, das bittere Sterben des Opfers betonte.[204] In keiner anderen Sprache ist aus Martyrium zugleich das Wort für absichtlich und planmäßig zugefügtes Leiden („Marter") abgeleitet worden. Wer im Deutschen Martyrium sagt, hört immer auch die Marter mit: der Martyrer (*martrer, mertrer*) ist der Gemarterte schlechthin. Christus erstand vom Kreuzestod – er erstand, wie es im Lied heißt, „von der Marter alle". Noch heute bezeichnet *Marter* südostdeutsch eine Tafel mit Kruzifix zur Erinnerung an einen Unglücksfall (üblicher das besonders im Süddeutschen weit verbreitete Diminutivum *Marterl*). Das Deutsche nimmt sich das Martyrium im Wortsinn „zu Herzen", stellt es anrührend und mitleidend dar – freilich werden dabei Augustins Akzentsetzungen in die Gegenrichtung gekehrt: Die Pein steht im Vordergrund, nicht mehr das Zeugnis („poena non causa").

Dass die Worte Martyrium, Marter, Martyrer im Deutschen zum Krongut religiöser Sprache gehören, dass sie einen fest umschriebenen eigenen Bedeutungskreis bilden, das hat dazu geführt, dass sie nicht, wie andere, in der Aufklärung und in der klassischen Literatur säkularisiert worden sind. Die Transformation ins Weltliche, Profane ging an ihnen vorüber, ohne Spuren zu hinterlassen. Vor allem das Wort „Martyrer" erwies sich als säkularisierungsresistent. Der Grund lag darin, dass die ältere Zeit – wie dargetan – die Verinnerlichung des Wortes schon vorweggenommen hatte. Auf der anderen Seite sperrte sich der Martyrerbegriff gerade wegen seiner Verbindung mit dem Sterben und der Betonung tödlich-schmerzlicher Gewalt gegen Umformungen ins Metaphorische und Symbolische.

Goethe konnte seinen Werther kaum einen „Martyrer der Liebe" nennen – so sehr dies dem empfindsamen Zeitgeschmack entsprochen hätte und so wenig er sonst die literarische Umformung religiöser Worte scheute. In seinem Werk kommen die Worte „Martyrer" und „Martyrium" kaum vor – und dort, wo er sie verwendet, weil sie nicht vermieden werden können, fasst er sie mit spitzen Fingern an – bezeichnen sie doch das Unwiderrufliche, Unabänderliche, Tödlich-Einmalige schlechthin. Das Martyrium ist für Goethe das Anstößige, Unschickliche, es ist im Grunde nicht darstellbar – vor allem nicht in der bildenden Kunst.[205] Der Schauer über diesen „Einbruch" lässt wenig Raum für die sonst gern gewählte Transposition des Religiösen ins Erhebend-Gefühlshafte, Human-Ästhetische, Schöne.

So wird der Martyrerbegriff im 19. Jahrhundert, in der Zeit der Klassik und Romantik eher umgangen oder verdrängt als neu benutzt und umgestaltet. (Dies gilt auch für die literarische Wiener Klassik!). In Deutschland waren die Martyrerdramen mit der Barockzeit zu Ende gegangen – die Romantik erneuerte sie nicht. Das gilt auch für die Epik. Ein Werk wie *Les Martyrs ou le Triomphe de la religion chrétienne* von Chateaubriand (1809) mit seinen aktuellen Anspielungen und Zeitbezügen[206] hat in unserer Literatur kein Gegenstück. Einzig die viel geschmähte Literatur des „katholischen Milieus" versuchte seit dem Vormärz die barocken Sujets fortzuschreiben und reicherte sie mit neuen exotischen und indigenen Zügen an.[207] Daneben gewinnen die Martyrer in der katholischen Bewegung nach dem „Kölner Ereignis" (1837) neue Bedeutung. Görres' *Athanasius* (1838) ist der viel beachtete Auftakt: Hier wird den Katholiken eine Zeit der Verfolgung, aber auch ein Wachstum in der Freiheit vorausgesagt.[208] „Wie nun die weltliche Macht zur Römerzeit bald in den heftigsten Verfolgungen ihrer [sc. der Christen] vorschreitenden Gewalt sich zu erwehren gesucht, bald wieder nachlassend in ihrer Wuth ihr wiederum Zwischenräume von Ruhe und Gemach gegönnt, sie aber in beiden Fällen, dort im Blute ihrer Märtyrer, hier in der Freiheit, die sie gewonnen, fortgewuchert mit ihrem Pfunde, eben so wird es auch in den kommenden Tagen sich wieder begeben."[209] Der Martyrerbischof Athanasius wird in Görres' Schrift, die dem alten Hof- und Staatskirchentum den Abschied gibt, als Vorbild für künftige Bischöfe auf den Schild erhoben (obwohl er nur die Verbannung, nicht den Tod erleiden musste). Programmatisch heißt es über die Kirche: „Denn durch ein großes Opfer ist sie gegründet worden; durch Dulden und Opfer hat sie sich erhalten; und weil ihr nimmer Solche fehlen werden, die sich zur Hingebung bereitwillig finden, darum ist sie auf alle Zukunft unüberwindlich."[210]

Es ist bezeichnend, dass nach 1871, in der Zeit des Kulturkampfs, im katholischen Milieu eine Renaissance des Martyrerdramas beginnt, vor allem im Theaterspiel der Gesellen- und Arbeitervereine.[211] Es handelt sich gewiss nicht um große Literatur – aber man darf die Breite und Intensität der Wirkung nicht unterschätzen. Auch in der expressionistischen Dichtung vor und nach dem Ersten Weltkrieg kehrt das Martyrerthema wieder, nunmehr auf höherem literarischen Niveau: Man denke an Franz Herwigs *St. Sebastian vom Wedding* (1921) oder an Franz Johannes Weinrichs *Spiel vor Gott* (1922).

In der Zeit nach 1918 gewinnt dann der Martyrerbegriff die uns geläufige Verbreitung. Er überschreitet die alten konfessionellen Grenzen. Die *kirchliche* Bedeutung des Wortes, in der katholischen Liturgie beharrlich tradiert und im 19. und 20. Jahrhundert immer wieder aktuell erneuert – erinnert sei an das Fest der „Martyrer der Französischen Revolution"[212] – nimmt nun auch im evangelischen (und später im orthodoxen) Sprachraum immer mehr zu. So sind z. B. die während des russischen Bürgerkriegs von Rotarmisten ermordeten evangelischen Pfarrer im Baltikum schon früh als

„Martyrer" bezeichnet worden.[213] Später kommen – in beiden Konfessionen – die Blutzeugen des Stalinismus, Faschismus, Nationalsozialismus hinzu. Und nach dem Ende des Zweiten Weltkriegs tritt die Martyrerkategorie in allen christlichen Kirchen in neuer und umfassender Weise hervor.[214] Das Wort wird zunehmend „global" verwendet, auf Menschen in aller Welt bezogen.

Aber nicht nur der kirchliche Martyrerbegriff festigt und verbreitet sich in der Gegenwart – auch der allgemeinere Gebrauch des Wortes „Martyrer" nimmt zu. Offenbar wird das Wort im 20. Jahrhundert nicht mehr wie früher gemieden, abgeschwächt oder umgangen. Es „passt" zum Epochenklima – zu der fordernden, drängenden, oft brutalen Art, mit der die modernen Despotien auf den Menschen eindringen und ihn vor unwiderrufliche Entscheidungen stellen.

Wer sich heute in der Literatur und in den Medien umsieht, dem begegnet das Wort „Martyrer" fast auf Schritt und Tritt. Das Spektrum ist weit: Es reicht von den neu entdeckten „alten Martyrern" aus historischer Zeit bis zu den „politischen Martyrern" des 20. (und schon des 19.!) Jahrhunderts; von den „Martyrern der Philosophie" (Urbilder: Sokrates, aber auch Giordano Bruno) bis zu den „Martyrern des freien Glaubens"; von christlichen Zeugen bis zu jüdischen und muslimischen Kämpfern; von den assyrischen Martyrern der christlichen Frühzeit bis zu Partisanen und Attentätern im heutigen Irak; von den Martyrern der Katakomben bis zu „nationalen", „politischen", „revolutionären" Martyrern, Martyrern des „gerechten Kampfes" , des „Friedens", des „Sieges" in der Gegenwart.[215] In Buchtiteln, Schriften, Verlautbarungen im Internet (bei „Google" fanden sich 573 Eintragungen![216]) werden so verschiedene Persönlichkeiten wie Blanqui, Gandhi, die Helden des Aufstands im Warschauer Ghetto, die Anführer der philippinischen Revolution von 1986, aber auch Arafat, Mohammed Atta, Michael Jackson und der französische Bauernführer José Bové als „Martyrer" bezeichnet. In Lebensbildern, Gedenkschriften, Erzählungen werden die Schicksale historischer Martyrer in Köln, Lübeck, Regensburg, in Dachau und Buchenwald, in Algerien und im Sudan, in Guatemala, Peru, Uganda, Tibet geschildert. In zeitgenössischen Romanen taucht der Martyrerbegriff vielfältig auf.[217] Messtexte, Fürbitten, Gebete, Erinnerungen unter dem Stichwort „Martyrer" umspannen einen Zeitraum von 2000 Jahren, verbinden viele Städte und Länder, ja ganze Kontinente miteinander. Pastoral und Diakonie, Katechese und Erwachsenenbildung nehmen sich der neuen Dimensionen des Themas an. So erinnert das Bistum Dresden-Meißen an die „Martyrer vom Münchner Platz" in Dresden. Das Lebenshaus Schwäbische Alb gedenkt der gewaltfreien Martyrer des 16. Jahrhunderts. Die Evangelisch-Lutherische Landeskirche Sachsens bietet thematische Gottesdienste an für Menschen, die noch nie etwas von Martyrern gehört haben – das Stichwort heißt: Martyrer 2001 – Christenverfolgung. Und das sind nur einige Beispiele aus vielen.

Andere gehen noch weiter in Richtung einer politischen oder ethischen oder spirituell-humanen Verallgemeinerung des Martyrerbegriffs. Theologen wie Jon Sobrino, Seán Freyne und José Ignacio Gonzáles Faus dehnen den Begriff „Martyrer" so aus, dass er nicht nur einzelne Gestalten wie Thomas Becket oder Oscar Romero umfasst: Auch ganze Völker können in ihren Augen „gekreuzigt" werden und ein Martyrium erleiden.[218] So rücken die Verfolgten, Vergewaltigten, Ermordeten, „Verschwundenen" der lateinamerikanischen Bürgerkriege in den Blick, unter ihnen Bischöfe, Priester, Katechetinnen und Katecheten. Über sie werden gegenwärtig in mehreren Ländern im Auftrag der Bischofskonferenzen Listen und Lebensläufe erstellt – Vorstufen zu einem späteren Martyrologium. Nicht wenige Theologen beziehen auch die Ureinwohner Nord- und Südamerikas, die afrikanischen und asiatischen Opfer von Kolonialismus, Sklaverei, Verfolgung, Krieg in die Betrachtung mit ein.[219] In solch kollektiven Dimensionen verschmilzt dann das Martyrium unmittelbar mit dem Genozid. Der Martyrer wird zum „Opfer" schlechthin.

Kein Zweifel: das Wort „Martyrer" ist zu einem Schlüsselwort der Zeit geworden. Dabei hat es freilich im Zuge einer immer breiteren und allgemeineren Verwendung auch an Schärfe und Klarheit eingebüßt. Seine Herkunft, sein Hintergrund, seine ursprüngliche Bedeutung sind vielfach verblasst. Es gibt heute die unterschiedlichsten Martyrerbegriffe. Viele stehen in Konkurrenz zueinander. Vor allem die politische Entgrenzung des Martyrerbegriffs hat zu Verständnisschwierigkeiten und Widersprüchen geführt. Dem heutigen Zeitgenossen mag es ähnlich ergehen wie einem frühen Propagandisten des politischen Martyrerbegriffs, der 1847 im Rotteck-Welckerschen *Staatslexikon* unter dem Stichwort „Märtyrer" Folgendes schrieb: „Freilich kommt da Vieles auf den Standpunkt an, auf welchem man sich befindet; und so lange es politische Parteien in der Welt giebt, wird es nicht fehlen, dass die eine da ein Märthyrtum feiert, wo die andere nur die wohlverdiente Strafe des Verbrechens erblickt … dieselben aber werden auch wohl in Verlegenheit kommen bei Beispielen, wie die von Konradin von Schwaben und Maria Stuart, wo die Legitimität mit sich selbst in Streit gerathen zu sein scheint, und da, wo die Extreme sich berühren, ist zumal von deren äußersten Vertretern leicht zu erwarten, dass bald Marat, bald Charlotte Corday, und in einem neueren Falle bald Kotzebue, bald Sand als Märtyrer gefeiert werden."[220]

2. Veränderungen in der Martyrer-Semantik

Fragen wir daher genauer, wohin sich die Martyrer-Semantik in jüngster Zeit bewegt hat. In welche Richtungen hat sich der überlieferte Martyrerbegriff erweitert, und in welchem Zusammenhang (oder in welchem Widerspruch) steht diese Erweiterung mit kirchlichen Traditionen?

a) Zunächst wird man feststellen, dass die Worte „Martyrer" und „Martyrium" im 20. Jahrhundert ihre religiöse „Zentrierung" behauptet, ja verstärkt haben. Im Deutschen lassen sich gut 80 % der in der Literatur begegnenden oder im Internet gespeicherten Belege dem Bereich Religion zuordnen. Freilich liegt dieser Feststellung ein weit gefasster Religionsbegriff zugrunde: Die Skala reicht von Religionen des „leidenden Gehorsams" bis zu aktiven und militanten Religionen, von gewaltfreien bis zu gewalttätigen Optionen – und dementsprechend auch von passiven Opfern bis zu aktiven Tätern.

Stehen auf der einen Seite die rings von Gewalt umstellten, dem Vernichtungswillen ihrer Gegner rettungslos preisgegebenen „passiven" Martyrer – Menschen, die gar keine Gelegenheit hatten, dem Lebensopfer auszuweichen –, so auf der anderen diejenigen, die dieses Opfer bewusst selbst wählten, um gegen religiöse, aber auch gegen politische, soziale, militärische Unterdrückung anzukämpfen. So schließt zum Beispiel S. J. Emmanuel die tamilischen Freiheitskämpfer in seinen Begriff der „heldenhaften Martyrer für die Sache der Befreiung" ein, indem er provozierend feststellt:

„Ohne in irgendeiner Form zu versuchen, die Gewalt wegzuerklären, sie zu rechtfertigen oder dazu aufzurufen, kann man leicht nachvollziehen, wie ein kämpfendes Volk und seine Anführer vom Unterdrücker und seiner Kriegsmaschinerie dazu genötigt werden, sich gegen die vom Staat ausgehende Gewalt und den Terrorismus durch Selbstmordattentate zur Wehr zu setzen, selbst wenn dabei unschuldige Leben zu Schaden kommen sollten."[221] Ähnliche Perspektiven begegnen uns in lateinamerikanischen und afrikanischen Stellungnahmen von Kirchenvertretern und Theologen – und fast selbstverständlich wird heute in islamischen Staaten von der überwiegenden Zahl der Rechtsgelehrten und Theologen der Begriff des Martyrers auf Soldaten, Guerrilleros, Attentäter und Selbstmordattentäter erstreckt, wofern diese in einem gerechten Verteidigungskrieg gegen die „Feinde des Islam" ihr Leben opfern. (Davon ist gleich noch zu sprechen.)

Verglichen damit sind die Martyrerbegriffe, die in den christlichen Kirchen institutionell etabliert sind (oder theologisch diskutiert werden) natürlich strenger und konziser gefasst. Das gilt vor allem für die katholische Kirche, in der seit Papst Benedikt XIV. (1740–1758) drei Kriterien für die Anerkennung als Martyrer maßgebend sind: die Tatsache des gewaltsamen Todes (*martyrium materialiter*), Glaubens- und Kirchenhass bei den Verfolgern (*martyrium formaliter ex parte tyranni*) und das Zeugnis des Glaubens auf Seiten der Opfer (*martyrium formaliter ex parte victimae*).[222] Auch die Heiligsprechungen der Martyrer in der Orthodoxie – in Russland in der Sowjetzeit unterbrochen, jedoch in den neunziger Jahren des 20. Jahrhunderts mit zahlreichen „Neumartyrern" wieder aufgenommen – folgen alterprobten Traditionen: Hier steht nach den Darlegungen Vladimir Ivanovs die „Wahrnehmung der theophanischen und thaumaturgischen Natur der Heilig-keit" im Vordergrund, die „Unterordnung des allgemein Privaten in der *menschlichen* zu Gunsten der *verherrlichten* Person" (Georgij Fedotov).[223] Das evangelische Martyrerverständnis knüpft an die Heilige Schrift und an die Bekenntnisschriften an: Entscheidend ist der fundamentale „Bezug zum gekreuzigten Jesus, dem Christus". Ich zitiere Wolf-Dieter Hauschild: „Märtyrer/Märtyrerinnen sind einerseits die *Wortzeugen* in der Bezeugung des Christusbekenntnisses bzw. der Wahrheit Gottes, andererseits die *Tatzeugen* der göttlichen Gerechtigkeit bzw. der Gebote Gottes."[224]

Diese Kriterien sind zwar nicht identisch, aber sie berühren, überschneiden und ergänzen sich. Das hat dazu geführt, dass die christlichen Kirchen in ihren Martyrern ein gemeinsames ökumenisches Erbe entdeckt haben. Dies gilt vor allem für die Blutzeugen des 20. Jahrhunderts, die bei weitem größte Schar seit den Verfolgungen der frühen Kirche; es gilt aber auch für die ihnen vorausgehenden und folgenden „Zeugen für Christus" in allen Teilen der Welt. So verstärkte das vielfältige Gedenken an die Martyrer im Millenniumsjahr 2000[225] nicht nur die theologische „Anstrengung des Begriffs" – es hat zweifellos auch zu der heutigen universellen Verbreitung des Martyrernamens in der Öffentlichkeit beigetragen. Dass Martyrium nicht einfach etwas Historisches, sondern etwas unmittelbar Gegenwärtiges ist, nämlich der Ernstfall des Christentums, dass er daher immer wieder in neuen Formen auftritt – dieses Gefühl ist heute allgemein verbreitet.

b) Bildet so die christliche Erfahrung den Identitätskern dessen, was wir Martyrium nennen, so ist doch festzuhalten, dass sich der Begriff im Lauf des 20. Jahrhunderts mit neuem Inhalt gefüllt hat. Das Martyrium – das lassen die Zeugnisse erkennen – wird heute gegenüber früheren Zeiten weniger als passive Hingabe, als leidende Aufopferung verstanden – es ist für viele eine beispielhafte Tat, ein anfeuerndes Beispiel, ein Zeugnis für Wahrheit und Gerechtigkeit. Oft trägt das Martyrium heute ein individuelles, ja individualistisches Gesicht. Es artikuliert den personalen Protest gegen anonyme Mächte. Auch wenn der Martyrer gegen despotische Gewalt wenig auszurichten vermag, so versucht er doch etwas auszudrücken, das zu gegebener Zeit gehört und verstanden werden kann. Seine Tat ist ein Zeichen und keineswegs nur eine ohnmächtige Verwahrung. Oft bekommen ja Besiegte nachträglich unerwartet Recht.

Aber kann der „aktive", der „politische" Martyrer dem oben geschilderten Dilemma entgehen: dass er zuletzt doch nur eine Partei in einem Kampf ist, in dem Recht gegen Recht steht (und „Martyrer" auf allen Seiten auftreten!)? Nun, er kann es unter heutigen Umständen dann am besten, wenn er nicht für „eine Seite" streitet, sondern gegenüber den Partikularinteressen der am Kampf Beteiligten ein universelles Prinzip zur Geltung bringt: Menschenrecht und Menschenwürde, das Humanum schlechthin. Darin ist die Lage im Zeitalter eines menschenrechtlichen Universalismus in der Tat eine andere als vor dem Ersten (und noch vor dem Zweiten) Weltkrieg.[226] Warum hatten die Selbstverbrennungen buddhistischer Mönche im Vietnamkrieg ein weltweites Echo? Warum enthüllten Jan Palach und Oskar Brüsewitz durch ihre Selbsttötung das Unerträgliche der politischen Zustände? Warum verneigen wir uns vor dem von der polnischen Geheimpolizei ertränkten Priester Popieluszko in Warschau und vor den von Panzern überrollten chinesischen Studenten am Tianmen-Platz in Peking? Weil sie Unrecht offenbar machten – und weil es ihnen gelang, die Stille der Despotie zu durchbrechen und, wenigstens einen Augenblick lang, die Aufmerksamkeit der Welt auf sich zu lenken. Noch im Dritten Reich, im Kommunismus war das anders: Kommunisten wie Nationalsozialisten versuchten den Widerstand nicht nur zu brechen – sie suchten ihn vor allem in die Anonymität und Isolierung, die Wirkungslosigkeit und Echolosigkeit zu drängen. Die altchristliche *martyria* war noch am Zeugnis im öffentlichen Gerichtsverfahren orientiert: der neronische Zirkus und das Kolosseum waren öffentliche Plätze. Demgegenüber dürften die Martyrer des 20. Jahrhunderts überwiegend in Anonymität und Einsamkeit gestorben sein.[227]

In mancher Hinsicht, so scheint mir, ist das nach-totalitäre Zeitalter im Begriff, die alten Bedingungen des christlichen (und übrigens auch des jüdischen!) Martyriums wiederherzustellen: die Sichtbarkeit und Beispielhaftigkeit; das weiterwirkende Zeugnis; den Bezug zur Gemeinde, welcher der Martyrer ebenso vorausgeht, wie sie ihm nachzufolgen strebt. Von hier gesehen tritt das Öffentliche, Politische des Martyrers in der Gegenwart stärker in Erscheinung als im Zeitalter der totalitären Ideologien des 20. Jahrhunderts und ihrer Machtapparate. Das berührt sich mit dem frühchristlichen Verständnis. Der Martyrer ist ein öffentlicher Zeuge, er bricht den Bann irdisch-geschichtlicher Macht – so wie Christus, mit dem er gekreuzigt ist, die Mächte und Gewalten „zur Schau gestellt" und ihre Allmacht als Blendwerk (*pompa diaboli*) enthüllt hat.[228] Die zentrale Kraft des Martyrers ist der Glaube – freilich ein Glaube, der mehr ist als bloßes „Fürwahrhalten"; ein Glaube, der „getan" werden will und der nichts anderes ist als die Vollendung der bedingungslos liebenden Hingabe nach dem Beispiel Christi.

Deshalb intervenierte Johannes Paul II. zu Recht, als die Kurie im Heiligsprechungsverfahren für Maximilian Kolbe dem polnischen Franziskaner „nur" den Status des Bekenners zuerkennen wollte (weil er, so lautete die Begründung, nicht „aus Hass auf den Glauben" ermordet worden sei!); der Papst erreichte, dass der Tod Kolbes im Hungerbunker in Auschwitz (zur Rettung eines Familienvaters) als wirkliches „Martyrium" bezeichnet und bestätigt wurde.[229] Hinter diese Neuakzentuierung und „Auffüllung" konnte und kann nun auch bei künftigen Kanonisationen von Martyrern nicht mehr zurückgegangen werden – immer mehr tritt an die Stelle einer nur noetisch-intellektuellen Prüfung des Glaubens der Blick auf die „ganze Existenz" des Zeugen.

c) Vor allem die katholische Kirche hat aus der öffentlichen Bedeutung des Martyrerbegriffs, aus der stärkeren Betonung der Existenz des Zeugen und seiner freien Liebestat ihre Folgerungen gezogen. Die seit dem 18. Jahrhundert normierten, im 20. Jahrhundert ergänzten Martyrer-Kriterien sind im Licht moderner Erfahrungen neu ausgelegt und aktualisiert worden. Was heißt das für das Phänomen des Martyriums? Gerät etwa die alte Bedingung ins Wanken, dass der Glaubenszeuge auf keinen Fall das Martyrium aktiv suchen oder gar herbeiführen darf? In der Zeit der frühen Christenverfolgungen gab es bekanntlich eine lebhafte Diskussion darüber, ob man sich zum Martyrium „drängen darf".[230] Das wird natürlich abgelehnt – aber ebenso gut bezeugt ist auch die Sehnsucht nach dem Martyrium und die Sorge vieler Zeugen, sie könnten dieses „Opfer der Liebe" versäumen. So schrieb Ignatius von Antiochien als Gefangener auf dem Weg nach Rom an die römische Gemeinde: „Gestattet mir, Nachahmer des Leidens meines Gottes zu sein! ... Gewährt mir nicht mehr, als Gott geopfert zu werden, solange noch ein Altar bereitsteht."[231] Kehren solche Bitten und Wünsche in modernen Martyrien wieder? Weisen etwa die freiwillige

Meldung Maximilian Kolbes in Auschwitz oder die Aufforderung Edith Steins in Echt an ihre Schwester „Komm, wir gehen für unser Volk!" in diese Richtung?

d) Das Problem wird heute in der öffentlichen Diskussion überlagert (und zum Teil verdrängt) durch zwei Phänomene, die im Rahmen einer Bestandsaufnahme nicht übergangen werden dürfen. Da ist einmal die Politisierung des Martyrerbegriffs im Gefolge aktueller theologischer Strömungen – vor allem im Zusammenhang mit der heute geläufigen Imperialismus-, Kapitalismus- und Globalisierungskritik. Und da ist auf der anderen Seite die Verbindung des Wortes mit islamischen Selbstmordattentätern, die sich Martyrer nennen – und die dadurch hervorgerufene „Schlagseite", die der Begriff „Martyrer" in jüngster Zeit in der Öffentlichkeit aufweist.

Für die erste Richtung bietet das im März 2003 erschienene Concilium-Heft *Martyrium in neuem Licht* zahlreiche Beispiele[232] – ich habe die Theologen Faus, Freyne, Sobrino und Emmanuel schon erwähnt. Hier wird die Martyrertheologie mitten in die gegenwärtige Welt mit ihren Ungleichheiten und Widersprüchen hineingestellt – ein unzweifelhaftes Verdienst. Sie wird mit zahlreichen aktuellen Problemen konfrontiert – von Unfrieden und Umweltschäden bis zu Überschuldung, Hunger, Aids. Freilich, die in mehreren Beiträgen vertretene Entgrenzung (und Politisierung) des Martyrerbegriffs kann bestenfalls ein Denkanstoß, eine „nützliche Provokation" sein. Denn was ist gewonnen, wenn man schlechthin alle Opfer von Unterdrückung, Unterernährung, Verschleppungen, Massakern, Seuchen, Kriegen in der heutigen Welt zu Martyrern erklärt oder doch in ihre Nähe rückt, wenn man von „gekreuzigten Völkern", „gemarterten Kontinenten" spricht – und gleich auch noch in das allgemeine

Leiden der Welt das spezielle „Leiden an der Kirche" einbezieht? Die Erfahrungen, über die in diesem Heft berichtet wird, sind ernst zu nehmen. Vieles ist erschütternd und bedrückend; es zeigt, dass die Zeit der Christen- und Kirchenverfolgungen mit dem Tod Hitlers, Stalins, Maos keineswegs zu Ende war. Doch die theologische Reflexion bleibt hinter diesen Erfahrungen weit zurück. Ist es nicht zu einfach, wenn man nun plötzlich, statt vergangener Despoten, die neuen Götter der Ökonomie, des Neoliberalismus, Konsumismus, Globalismus entlarven und entthronen will? Verliert hier der Begriff des Martyrers nicht alle Konturen, muss er sich nicht schließlich im allgemeineren des „Opfers" auflösen?

Noch stärker wirkt die Diskussion über islamische „Selbstmordattentäter" auf die gegenwärtige Martyrer-Semantik ein. Ein großer Teil der Belege im Internet (insgesamt ein rundes Drittel!) stammt aus dieser Quelle.[233] In den Originalzeugnissen aus Afghanistan, Palästina, dem Irak und anderen Ländern wird der Martyrerbegriff ganz unkritisch verwendet, als sei er etwas Selbstverständliches. So verkündet in einer palästinensischen Schule der Lehrer der Klasse, dass Sami am Morgen als Märtyrer gefallen ist. Ein Gedenkgebet schließt sich an …" Auch wir sind bereit, als Märtyrer zu fallen." Gedichte der Intifada preisen den Märtyrertod. In einer Rede zur aktuellen Situation in Palästina werden „die hoch geschätzten Familien der Märtyrer" begrüßt. In arabischen Medien werden die Selbstmordattentäter durchweg als Martyrer bezeichnet. Im dritten Golfkrieg im Jahr 2003 kündigte der Irak mehrfach „Märtyrer-Operationen" an. „Die Märtyrer sind die edelsten Männer", sagt Hamsa Mansur, Generalsekretär der Islamischen Aktionsfront IAF. Ein Elitesoldat Saddam Husseins bekennt: „Ich will für den Irak kämpfen, bis ich als Märtyrer falle."[234] – Aber auch in den deutschen Medien wird dieser Sprachgebrauch zunehmend übernommen, manchmal mit Distanz, manchmal aber auch unkritisch. Nur selten wird thematisiert, dass es sich nicht einfach um den in Europa eingeführten Martyrerbegriff handelt, sondern um eine den Begriff zuspitzende Selbstbezeichnung islamistischer Gruppen; und fast allein steht der Hinweis in einer Dokumentation, dass z. B. die Selbstmordattentäter der Hisbollah nicht nur sich selbst, sondern auch andere in den Tod reißen, so dass man sie mit einigem Grund „mordende Martyrer"[235] nennen könnte.

Zusammenfassend: Es waren zuerst die Opfer der totalitären Regime, die „Martyrer des 20. Jahrhunderts", die den Anstoß zu einer umfassenden Renaissance des Martyrerbegriffs nach 1945 gaben. Diese Martyrer waren damals bei vielen noch in persönlicher Erinnerung; später wurden ihre Biographien von Wissenschaftlern erforscht, ihre Namen in Katalogen und Martyrologien gesammelt, ihr Andenken durch Gedenkschriften und Denkmäler geehrt. Diese Martyrer der Gegenwart wiederum lenkten den Blick auf die „historischen Martyrer", von denen der Martyrerbegriff herstammte. Diese wurden nun ihrerseits entdeckt, erforscht, gewürdigt, aus ihrer Verborgenheit in Krypten, Akten, legendarischen Überlieferungen herausgeholt – bis zu jenem Grad öffentlicher Wahrnehmung, der einen Kölner Kardinal in unseren Tagen sagen ließ, Köln sei nicht nur die Stadt des Karnevals, sondern auch die Stadt der Martyrer.[236] – Und über beide Überlieferungen, die der Urmartyrer und die der Gegenwartsmartyrer, beginnt sich zu Beginn des 21. Jahrhunderts eine dritte, rasch wachsende Schicht zu legen: die Schar der „Martyrer des bewaffneten Kampfes" im Islam. In Literatur und Internet bilden sie heute numerisch ziemlich genau das „dritte Drittel" der gegenwärtig greifbaren Martyrer-Semantik – ein Zeugnis dafür, dass auch die dritte der „abrahamitischen Religionen", der Islam, den Begriff des Martyrers kennt; zugleich aber auch ein Hinweis darauf, dass die islamischen Überlieferungen ihn, trotz grundlegender Gemeinsamkeiten, in seinem Umfang und seiner Bedeutung anders auslegen als Judentum und Christentum.

3. Folgerungen für den Dialog zwischen Kirchen und Religionen

Das führt uns zu den Fragen des Anfangs zurück. Was bedeutet die Ausweitung des Martyrerbegriffs in unserer Zeit für Theologie, Kirche, Religion? Was sind die Folgerungen für den innerkonfessionellen, den ökumenischen, aber auch den interreligiösen Diskurs? Ich beschränke mich auf einige wenige Feststellungen.

Festzuhalten ist zunächst, dass die große Schar der Martyrer des 20. Jahrhunderts innerhalb der christlichen Kirchen zu einem vermehrten Nachdenken über Martyrer und Martyrium, über Zeugenschaft und Lebensopfer in und mit Christus geführt hat.[237] Die Thematik reicht in zentrale Fragen des Kirchenverständnisses hinein. Warum gibt es überhaupt Martyrer? Was bedeuten Martyrer für die Kirche? Ist das Martyrium ein charismatischer Ausnahmezustand für wenige Einzelne – oder ist die Bereitschaft zum Martyrium im Christentum ein möglicher „Ernstfall" für viele, wenn nicht gar für alle? Und was bedeutet dieser Ernstfall für die Gemeinden? Wie gedenken diese auf richtige und gültige Weise der Martyrer *in actu* (Fürbitten)[238] und *in memoria* (Gebete, Feste)?[239] Wie wirkt sich das Gedenken an die Martyrer im Aufbau des kirchlichen

Lebens und seiner „regulären" Strukturen aus, in Liturgie, Gebet, Predigt, Festkalender, Kirchenjahr?

Diese Fragen betreffen zunächst einmal die christlichen Kirchen – also Orthodoxie, Katholiken und Kirchen der Reformation. Sie bemühen sich heute um die Pflege, Erneuerung, Revitalisierung eigener Martyrer-Traditionen – und sie suchen zugleich den Austausch mit den Erfahrungen der anderen. Die unterschiedlichen Profile, die dabei sichtbar werden, müssen den Prozess wechselseitigen Lernens nicht stören – vorausgesetzt, die Gesamterscheinung der „großen Schar aus allen Völkern" bleibt im Blick. Gegenwärtige und künftige Verfolgungen werden dem Martyrium als Prüfung und Probe christlichen Lebens gewiss weiterhin Aktualität verschaffen, so dass die ökumenische Perspektive einer „Martyrerkirche", welche die konfessionell Getrennten im Gedenken neu zusammenfügt, auch im 21. Jahrhundert nicht untergehen dürfte.

Aber die Existenz islamischer „Martyrer" in der heutigen Welt zeigt, dass das Problem längst über die christlichen Kirchen hinausreicht. Es betrifft auch das Verhältnis des Christentums zur nichtchristlichen Welt – insbesondere zum Islam. Sind die – unzweifelhaft vorhandenen – Gemeinsamkeiten der „abrahamitischen Religionen" tragfähig genug, um mögliche Konflikte zu entschärfen? Oder muss man konstatieren, dass die Gegensätze auch bei größter Anstrengung im interreligiösen Dialog nicht auflösbar sind?

Auch der Islam kennt Wortzeugen wie auch Blutzeugen des Glaubens. Auch hier hat sich – möglicherweise unter jüdisch-christlichem Einfluss – der Begriff des Martyrers aus dem des Zeugen vor Gericht entwickelt. Doch neben der Rechtssprache spielt hier von Anfang an auch die militärische Sprache eine Rolle. In der Hadith-Literatur ist Martyrer der, der im Dschihad, der heiligen Schlacht, den Opfertod erlitten hat und damit für Allah gestorben ist – und das ist zuallererst der muslimische Soldat. Gott belohnt einen solchen Einsatz. „Durch seine Verdienste und seinen Opfertod ist der Martyrer von seiner Schuld befreit, das Reinigungsfeuer wird ihm erlassen, und der Tag des Gerichts wird ihm erspart. Er darf die höchste Stufe im Paradies einnehmen und neben Gottes Thron stehen … Sein Opfer hat sühnende Kraft."[240] Seit jeher besteht im islamischen Denken eine enge Verbindung von Martyrium und Paradies. Die modernen Dschihadisten greifen hier auf alte Glaubensüberlieferungen zurück, die sie zuspitzen und radikalisieren.[241]

Das wirft ein letztes Mal die Frage auf: Darf man das Martyrium suchen? Darf man mit dem islamischen Mystiker Al-Halladsch ausrufen: „Tötet mich, damit ihr belohnt werdet und ich Ruhe finde"?[242] Die direkte Suche nach dem Tod ist für jeden gläubigen Muslim ein Tabu, kommt sie doch dem Selbstmord nahe, der im Islam wie im Judentum und im Christentum verboten ist. In allen drei „abrahamitischen Religionen" haben Gemeinde, Recht und Tradition den Begriff des Martyriums gegen den Subjektivismus charismatischer Einzelner (und häretischer Extremisten) abzusichern versucht. Diese Grenzen sind in langen Erfahrungen mit den Blutzeugnissen der Gemeindeglieder sorgfältig abgewogen worden und gehören zu den gemeinsamen Prinzipien von Judentum, Christentum und Islam.[243] Wanken sie heute? Hat der Dschihadismus[244] die Grenzen zwischen Martyrium und Selbstmord, Blutzeugnis und mörderischem Kampf verwischt? Wird aus *Sterben* für den Glauben *Töten* für den Glauben? Verliert der Begriff des Martyrers, indem er jahrhundertealte Grenzen überschreitet, das ihm gesetzte theologische Maß?

Das sind auch Fragen an den heute viel beschworenen interreligiösen Dialog. Soll er gelingen, muss ein Minimum gemeinsamer Begriffe, Konzeptionen, Wertvorstellungen vorhanden sein. In der jüdischen, christlichen wie islamischen Überlieferung ist der Martyrer einer, der bereit ist, für seinen Glauben zu sterben. Er ist jedoch kein selbstmächtiger Täter im eigenen Auftrag, er sucht das Lebensopfer nicht – und schon gar nicht reißt er andere mit sich in den Tod. An diesem Martyrerverständnis sollte man auch im christlich-islamischen Dialog – der unverändert nötig ist – festhalten und nicht rütteln lassen. Sonst droht „Martyrium" zu einem Schreckenswort zu werden, zum Synonym für die schrankenlose Ermächtigung zum *Töten für den Glauben*. Dies aber wäre eine perverse Verzerrung am Ende einer ehrwürdigen und langen Gemeinsamkeit, einer verbindenden abrahamitischen Tradition.

Verzeichnis der zitierten Literatur

Albertini Rudolf von, *Europäische Kolonialherrschaft 1880–1940*, Zürich ²1985.

Ali Tariq, *The Clash of Fundamentalisms – Crusades, Jihads and Modernity*, London, 2002 (dt. unter dem Titel: *Fundamentalismus im Kampf um die Weltordnung*, München 2003).

Ameling Walter (Hrsg.), *Märtyrer und Märtyrerakten*, Stuttgart 2002.

Angenendt Arnold, *Heilige und Reliquien*, München 1994.

Ansprenger Franz, *Kolonisierung und Entkolonisierung in Afrika*, Stuttgart 1964.

Ansprenger Franz, *Auflösung der Kolonialreiche*, Lausanne 1970.

Arendt Hannah, *Elemente und Ursprünge totaler Herrschaft*, München 1955.

Arendt Hannah, *Über die Revolution*, München 1965.

Arendt Hannah, *On violence*, New York 1969 (dt. unter dem Titel: *Macht und Gewalt*, München ⁴1981).

Arinze Francis Kardinal, *Religionen gegen die Gewalt. Eine Allianz für den Frieden*, Freiburg 2002.

Aron Raymond, *L'Ère des Tyrannies d'Élie Halévy*, in: Revue de Métaphysique et de Morale 46 (1939).

Assmann Jan, *Moses der Ägypter. Entzifferung einer Gedächtnisspur*, München 1998.

Augustinus, *Ad Cresconium grammaticum.*

Augustinus, *De civitate Dei.*

Baeyer-Katte Wanda von, *Das Zerstörende in der Politik. Eine Psychologie der politischen Grundeinstellung*, Heidelberg 1958.

Becker Frank u. a. (Hrsg.), *Politische Gewalt in der Moderne*, Münster 2003.

Becker Hansjakob, *Liturgie im Dienst der Macht. Nationalsozialistischer Totenkult als säkularisierte christliche Paschafeier*, in: Hans Maier/Michael Schäfer (Hrsg.), *„Totalitarismus" und „politische Religionen". Konzepte des Diktaturvergleichs*, Bd. 2, Paderborn u. a. 1997.

Behrenbeck Sabine, *Der Kult um die toten Helden. Nationalsozialistische Mythen, Riten und Symbole 1923–1945* (= Kölner Beiträge zur Nationsforschung, Bd. 2), Vierow bei Greifswald 1996.

Bernstein Eduard, *Betrachtung über das Wesen der Sowjetrepublik*, 1918.

Bethge Eberhard, *Dietrich Bonhoeffer. Eine Biographie*, München 1967, ³1970.

Blickle Peter u. a. (Hrsg.), *Macht und Ohnmacht der Bilder*, München 2002.

Blok Alexander, *Die Zwölf*, 1921.

Boehm Laetitia/Charlotte Schönbeck (Hrsg.), *Technik und Bildung*, Düsseldorf 1989.

Boettcher Erik u. a. (Hrsg.), *Bilanz der Ära Chruschtschow*, Köln/Mainz 1966.

Bonhoeffer Dietrich, *Widerstand und Ergebung* (Neuausgabe), München 1970.

Bosshart David, *Politische Intellektualität und politische Erfahrung. Hauptströmungen der französischen Totalitarismuskritik*, Berlin 1992.

Bracher Karl Dietrich, *Die Auflösung der Weimarer Republik*, Villingen 1955.

Bracher Karl Dietrich/Leo Valiani (Hrsg.), *Faschismus und Nationalsozialismus*, Berlin 1991.

Brockhaus Gudrun, *Schauder und Idylle. Faschismus als Erlebnisangebot*, München 1997.

Browning Christopher, *Die Entfesselung der „Endlösung"*, München 2003.

Brox Norbert, *Zeuge und Martyrer. Untersuchungen zur frühchristlichen Zeugnis-Terminologie*, München 1961.

Buchheim Hans u. a.; *Anatomie des SS-Staates*, 2 Bde., München [5]1989.

Buschmann Gerd, *Das Martyrium des Polykarp* (= Kommentar zu den Apostolischen Vätern, Bd. 6), Göttingen 1998.

Burckhardt Jacob, *Weltgeschichtliche Betrachtungen* (Kröneausgabe), Stuttgart 1969.

Burkert Walter, *Homo necans. Interpretationen altgriechischer Opferriten und Mythen*, Berlin [2]1997.

Burleigh Michael, *Die Zeit des Nationalsozialismus. Eine Gesamtdarstellung*, Frankfurt (M.) 2000.

Camus Albert, *Der Mensch in der Revolte*, Reinbek 1977.

Canetti Elias, *Masse und Macht*, Hamburg 1960.

Clemens Gabriele, *„Erziehung zu anständiger Unterhaltung". Das Theaterspiel in den katholischen Gesellen- und Arbeitervereinen im deutschen Kaiserreich. Eine Dokumentation*, Paderborn 2000.

Conquest Robert, *The Harvest of Sorrow: Soviet Collectivization and the Terror Famine*, London 1986 (dt. unter dem Titel: *Ernte des Todes. Stalins Holocaust in der Ukraine 1929–1933*, München 1988).

Creveld Martin van/Rudolph Joseph Rummel, *Death by Government*, New Brunswick 1994.

Creveld Martin van, *Technology and War*, New York 1989.

Croitoru Joseph, *Der Märtyrer als Waffe*, München/Wien 2003.

Dernburg Bernhard, *Zielpunkte des deutschen Kolonialwesens*, Berlin 1907.

Dierker Wolfgang, *Himmlers Glaubenskrieger. Der Sicherheitsdienst der SS und seine Religionspolitik 1933–1941*, Paderborn 2001.

Diesener Gerald/Rainer Gries (Hrsg.), *Propaganda in Deutschland. Zur Geschichte der politischen Massenbeeinflussung im 20. Jahrhundert*, Darmstadt 1996.

Domes Jürgen, *Die Ära Mao*, Stuttgart 1971.

Eppler Erhard, *Vom Gewaltmonopol zum Gewaltmarkt?*, Frankfurt (M.) 2002.

Estermann-Juchler Margrit, *Faschistische Staatsbaukunst. Zur ideologischen Funktion der öffentlichen Architektur im faschistischen Italien*, Köln/Wien 1982.

Faber Karl-Georg u. a., Art. *Macht, Gewalt*, in: *Geschichtliche Grundbegriffe. Historisches Lexikon zur politisch-sozialen Sprache in Deutschland*, hrsg. von Otto Brunner/Werner Conze/Reinhart Koselleck, Bd. 3, Stuttgart 1982.

Faus José Ignacio Gonzáles, *Zeugnis einer Liebe*, in: Concilium 39 (2003).

Feil Ernst, *Religio*, Göttingen, Bd. 1: 1986, Bd. 2: 1997, Bd. 3: 2001.

Felice Renzo de, *Mussolini. Il fascista: La conquista del potere 1921–1925*, Turin 1966.

Figura Michael, *Märtyrer durch Gottes Willen. Die Deutung seines eigenen Märtyrertodes bei Ignatius von Antiochien*, in: Communio 31 (2002).

Flashar Hellmut, *Aristoteles*, in: Überweg, *Grundriß der Geschichte der Philosophie: Antike 3*, Basel 1983.

Freitag Werner (Hrsg.), *Das Dritte Reich im Fest. Führermythos, Feierlaune und Verweigerung in Westfalen 1933–1945*, Bielefeld 1997.

Freyne Seán, *Jesus der Märtyrer*, in: Concilium 39 (2003).

Friedländer Saul, *Kitsch und Tod. Der Widerschein des Nazismus*, München 1984.

Frühwald Wolfgang, *Die Erfahrung, sich selbst historisch zu werden: Goethes Spätwerk*, in: *Insel-Almanach auf das Jahr 1999*, Frankfurt (M.)/Leipzig 1998.

Fülöp-Miller René, *Geist und Gesicht des Bolschewismus. Darstellung und Kritik des kulturellen Lebens in Sowjet-Rußland*, Zürich/Leipzig/Wien 1926.

Furet François, *Le passé d'une illusion*, Paris 1995.

Galtung Johan, *Violence, Peace and Peace Research*, in: Journal of Peace Research 4 (1969).

Gentile Emilio, *Il culto del littorio: La sacralizzazione delle politica nell'Italia fascista*, Rom/Bari 1998.

Gentile Emilio, *Die Sakralisierung der Politik*, in: Hans Maier (Hrsg.), *Wege in die Gewalt. Die modernen politischen Religionen*, Frankfurt (M.) 2000.

Gide André, *Retour de l'U.R.S.S.*, 1936 ; *Retouches à mon Retour de l'U.R.S.S.*, 1937.

Girard René, *La violence et le sacré*, Paris 1972.

Girard René, *Ich sah den Satan vom Himmel fallen wie einen Blitz. Eine kritische Apologie des Christentums*, München/Wien 2002.

Giucci Giorgio, *L'autorappresentazione del fascismo: La mostra del decennale della marcia su Roma*, in: Rassegna: Problemi di architettura dell'ambiente 4 (1982).

Görres Joseph von, *Athanasius*, Regensburg 1838.

Goethe Johann Wolfgang, *Faust: Texte*, hrsg. von Albrecht Schöne, Frankfurt (M.) 1994.

Goethe Johann Wolfgang, *Faust: Kommentare*, hrsg. von Albrecht Schöne, Frankfurt (M.) 1994.

Gorjajewa Tatjana M., *Unterwerfung und Gleichschaltung des Rundfunks in der*

UdSSR, in: Dietrich Beyrau (Hrsg.), *Im Dschungel der Macht. Intellektuelle Professionen unter Stalin und Hitler*, Göttingen 2000.

Gregory Stephen, *Salvation at Stake. Christian Martyrdom in Early Modern Europe*, Cambridge (Mass.) 1999.

Grosser Alfred, *Le crime et la mémoire*, Paris 1989 (dt. unter dem Titel: *Ermordung der Menschheit. Der Genozid im Gedächtnis der Völker*, München 1990).

Groys Boris, *Gesamtkunstwerk Stalin*, München/Wien 1988.

Guardini Romano, *Der Heilbringer* (1946), Mainz 1979.

Haecker Theodor, *Tag- und Nachtbücher 1939–1945*, hrsg. von Hinrich Siefken, Innsbruck 1989.

Haffner Sebastian, *Historische Variationen*, Stuttgart/München 2001.

Hauschild Wolf-Dieter, *Märtyrer/Märtyrerinnen nach evangelischem Verständnis*, in: Evangelische Arbeitsgemeinschaft für Kirchliche Zeitgeschichte, Mitteilungen 21/2003.

Heberer Thomas (Hrsg.): *Mao Zedong – Der unsterbliche Revolutionär?*, Hamburg 1995.

Heller Hermann, *Europa und der Fascismus*, Berlin/Leipzig 1929.

Heller Michael, *Stacheldraht der Revolution. Die Welt der Konzentrationslager in der sowjetischen Literatur*, Stuttgart 1975.

Herbert Ulrich/Karin Orth/Christoph Dieckmann (Hrsg.), *Die nationalsozialistischen Konzentrationslager. Entwicklung und Struktur*, 2 Bde., Göttingen 1998.

Hildermeier Manfred, *Geschichte der Sowjetunion 1917–1991*, München 1998.

Hockerts Hans Günter, *Mythos, Kult und Feste. München im nationalsozialistischen „Feierjahr"*, in: Richard Bauer (Hrsg.), *München – „Hauptstadt der Bewegung"*, München 1993.

Howard Michael, *Der Krieg in der europäischen Geschichte*, München 1981.

Hummel Karl-Joseph/Christoph Strohm (Hrsg.), *Zeugen einer besseren Welt. Christliche Märtyrer des 20. Jahrhunderts*, Leipzig 2002.

Iliffe John, *Geschichte Afrikas*, München 1997.

Ivanov Vladimir, *Die Heiligsprechung der neuen russischen Märtyrer*, in: Evangelische Arbeitsgemeinschaft für Kirchliche Zeitgeschichte, Mitteilungen 21/2003.

Jedin Hubert (Hrsg.), *Handbuch der Kirchengeschichte*, Bd. 6/1, Freiburg/Basel/Wien 1971 (Neudruck 1985).

Jesse Eckhard (Hrsg.), *Totalitarismus im 20. Jahrhundert*, Bonn 1996.

Johnson Eric A./Eric H. Monkkonen (Hrsg.), *The Civilisation of Crime. Violence in Town and Country since the Middle Age*, Urbana 1996.

Juergensmeyer Marc, *Terror in the Mind of God*, Berkeley 2000 (dt. unter dem Titel: *Terror im Namen Gottes*, Freiburg 2004).

Jünger Ernst, *Die totale Mobilmachung* (1931), in: *Sämtliche Werke*, Bd. 7 (Zweite Abt., Essays I), Stuttgart 1980.

Jünger Ernst, *Der Arbeiter* (1932), in: *Sämtliche Werke*, Bd. 8 (Zweite Abt., Essays II), Stuttgart 1981.

Kaminski Andrzej J., *Konzentrationslager 1896 bis heute. Eine Analyse*, Stuttgart 1982.

Kant Immanuel, *Über den Gemeinspruch: Das mag in der Theorie richtig sein, taugt aber nicht für die Praxis* (1793), in: *Schriften zur Geschichtsphilosophie*, hrsg. von Manfred Riedel, Stuttgart 1974.

Kautsky Karl, *Terrorismus und Kommunismus* (1919), wiederabgedruckt in: H. Kremendahl/Th. Meyer (Hrsg.), *Sozialismus und Staat*, Bd. 1, Kronberg 1974.

Keegan John, *A History of Warfare*, New York 1993 (dt. unter dem Titel: *Die Kultur des Krieges*, Berlin 1995).

Kessler Harry Graf, *Tagebücher 1918–1937*, hrsg. von Wolfgang Pfeifer-Belli, Frankfurt (M.) 1982.

Khoury Adel Theodor u. a. (Hrsg.), *Krieg und Gewalt in den Weltreligionen*, Freiburg 2003.

Kierna Ben, *The Pol Pot Regime. Race, Power, and Genocide in Cambodia under the Khmer Rouge, 1975–79*, New Haven/London 1996.

Kivelitz Christoph, *Die Propagandaausstellung in europäischen Diktaturen*, Bochum 1999.

Klenke Dietmar, *Deutsche Nationalreligiosität zwischen Vormärz und Reichsgründung. Zur innen- und aussenpolitischen Dynamik der deutschen Nationalbewegung*, in: Historisches Jahrbuch 123 (2003).

Gerd Koenen, *Die großen Gesänge. Lenin, Stalin, Mao, Castro … Sozialistischer Personenkult und seine Sänger von Gorki bis Brecht – von Aragon bis Neruda*, Frankfurt (M.) 1987.

Kondylis Panajotis, *Theorie des Krieges. Clausewitz – Marx – Engels – Lenin*, Stuttgart 1988.

Krakauer Ion, *Under the Banner of Heaven. A Story of Violent Faith*, New York 2003 (dt. unter dem Titel: *Mord im Auftrag Gottes. Eine Reportage über religiösen Fundamentalismus*, München 2003).

Kratzer Wolfgang, *Feiern und Feste der Nationalsozialisten. Aneignung und Umgestaltung christlicher Kalender, Riten und Symbole*, Diss. phil. München 1998.

Krech Volkhard, *Religion und Gewalt. Empirische Beobachtungen und systematische Überlegungen* (Referat auf der Tagung „Religion und Gewalt" vom 15. bis 17.3.2002 in Loccum).

Kreutzer Helmut u. a. (Hrsg.), *Verfolgung und Widerstand* (= Acta Ising 1988), München 1989.

Laube Johannes (Hrsg.), *Das Böse in den Weltreligionen*, Darmstadt 2003.

Le Guillou Marie-Joseph, *Le mystère du Père. Foi des apôtres – gnoses actuelles*, Paris 1973 (dt. unter dem Titel: *Das Mysterium des Vaters*, Einsiedeln 1974).

Lemkin Raphael, *Genocide. A New International Crime. Punishment and Prevention*, in: Revue internationale de droit pénal 17 (1946).

Lenin Wladimir Iljitsch, *Staat und Revolution*, 1917.

Lenin Wladimir Iljitsch, *Die proletarische Revolution und der Renegat Kautsky* (1918), Neudruck Moskau 1940.

Lenz Hermann, *Neue Zeit*, Frankfurt (M.), 1975.

Leonhard Wolfgang, *Nikita Sergejewitsch Chruschtschow. Aufstieg und Fall eines Sowjetführers*, Luzern/Frankfurt (M.) 1965.

Lifton Robert Jay/Eric Markusen, *The Genocidal Mentality. Nazi Holocaust and Nuclear Threat*, New York 1990 (dt. unter dem Titel: *Die Psychologie des Völkermordes. Atomkrieg und Holocaust*, Stuttgart 1992).

Lill Rudolf, *Geschichte Italiens in der Neuzeit*, Darmstadt ³1986.

Lippold A., Art. *Liktoren*, in: Carl Andresen u. a. (Hrsg.), *Lexikon der Alten Welt*, Bd. 2, Zürich/München 1990.

List Friedrich und W. S., Art. *Asien*, in: *Das Staats-Lexikon. Encyklopädie der sämmtlichen Staatswissenschaften für alle Stände*, hrsg. von Carl von Rotteck/ Carl Welcker, Bd. 1, Altona ²1845.

Löhmann Reinhard, *Der Stalinmythos. Studien zur Sozialgeschichte des Personenkultes in der Sowjetunion (1929–1935)*, Münster 1995.

Löwenthal Richard, *Chruschtschow und der Weltkommunismus*, Stuttgart 1963.

Lohse Eduard, *Martyrer und Gottesknecht*, Göttingen ²1963.

Lübbe Hermann, *Totalitäre Rechtgläubigkeit. Das Heil und der Terror*, in: Hermann Lübbe (Hrsg.), *Heilserwartung und Terror. Politische Religionen des 20. Jahrhunderts*, Düsseldorf 1995.

Maier Hans, *Die ältere deutsche Staats- und Verwaltungslehre*, München ²1980.

Maier Hans, *Politische Religionen. Die totalitären Regime und das Christentum*, Freiburg/Basel/Wien 1995.

Maier Hans, *„Totalitarismus" und „politische Religionen". Konzepte des Diktaturvergleichs*, in: Vierteljahreshefte für Zeitgeschichte 43 (1995).

Maier Hans, *Erik Peterson und die politische Theologie*, in: Zeitschrift für Politik 38 (1991).

Maier Hans, *Die christliche Zeitrechnung*, Freiburg ⁵2000.

Maier Hans, *Revolution und Kirche*, Freiburg ⁵1988.

Mandt Hella, *Tyrannislehre und Widerstandsrecht*, Darmstadt 1974.

Mandt Hella, *Das klassische Verständnis: Tyrannis und Despotie*, in: Hans Maier (Hrsg.), *„Totalitarismus" und „politische Religionen"*, Bd. 3, Paderborn 2003.

Marquard Odo, *Lob des Polytheismus*, in: ders., *Abschied vom Prinzipiellen*, Stuttgart 1991.

Masson Michel, *Wurzeln und religiöse Elemente des Maoismus*, in: Concilium 15 (1979).

Matz Ulrich, *Politik und Gewalt. Zur Theorie des demokratischen Verfassungsstaates und der Revolution*, Freiburg 1975.

Moll Helmut (Hrsg.), *Zeugen für Christus. Das deutsche Martyrologium des 20. Jahrhunderts*, 2 Bde., 1999, [2]2002.

Möller Horst u. a. (Hrsg.), *Die tödliche Utopie. Bilder, Texte, Dokumente, Daten zum Dritten Reich*, München 1999, [3]2001.

Münkler Herfried, *Die neuen Kriege*, Hamburg 2002.

Nicolson Harold, *Tagebücher und Briefe 1930–1941*, Frankfurt (M.) 1969.

Nolte Ernst, *Der Faschismus in seiner Epoche*, München 1963.

Opitz Peter J., *Mao Tse-tung*, in: Rolf K. Hocevar/Hans Maier/Paul-Ludwig Weinacht (Hrsg.), *Politiker des 20. Jahrhunderts*, Bd. 2, München 1971.

Osinski Jutta, *Katholizismus und deutsche Literatur im 19. Jahrhundert*, Paderborn 1993.

Petersen Jens, *Die Entstehung des Totalitarismusbegriffs in Italien*, in: Manfred Funke (Hrsg.), *Totalitarismus*, Düsseldorf 1978.

Peterson Erik, *Theologische Traktate* (= Ausgewählte Schriften, hrsg. von Barbara Nichtweiß, Bd. 1), Würzburg 1994.

Peterson Erik, *Johannesevangelium und Kanonstudien*, aus dem Nachlass hrsg. von Barbara Nichtweiß (= Ausgewählte Schriften, Bd. 3), Würzburg 2003.

Pipes Richard, *Die Russische Revolution*, 3 Bde., Berlin 1992/93.

Pohly Michael/Khalid Duran, *Usama bin Laden und der internationale Terrorismus*, München [4]2001.

Qun Zhou u. a., *Mao worship past and present*, in: Twenty-First Century 20 (1993).

Rahner Karl, *Dimensionen des Martyriums. Plädoyer für die Erweiterung eines klassischen Begriffs*, in: Concilium 19 (1983).

Reck-Malleczewen Friedrich P., *Bockelson. Geschichte eines Massenwahns*, Berlin 1937, Stuttgart [3]1968.

Reinhard Wolfgang, *Geschichte der Staatsgewalt*, München 1999, [2]2002.

Riccardi Andrea, *Salz der Erde, Licht der Welt. Glaubenszeugnis und Christenverfolgung im 20. Jahrhundert*, Freiburg 2002.

Rissmann Michael, *Hitlers Gott*, Zürich/München 2001.

Ritter Gerhard, *Staatskunst und Kriegshandwerk. Des Problem des „Militarismus" in Deutschland*, Bd. 1: *Die altpreußische Tradition (1740–1890)*, München 1954.

Rohrwasser Michael, *Der Stalinismus und die Renegaten. Die Literatur der Exkommunisten*, Stuttgart 1991.

Rosenberg Alan, *The Genocidal Universe: A Framework for Understanding the Holocaust*, in: European Judaism 13 (1979).

Rotteck Carl von/Carl Welcker, *Das Staats-Lexikon. Enzyklopädie der sämmtlichen Staatswissenschaften für alle Stände*, Altona [2]1847 ff.

Schabert Oskar, *Märtyrer. Der Leidensweg der baltischen Christen*, Hamburg 1920.

Scharping Thomas, *The man, the myth, the message. New trends in Mao-literature from China*, in: China Quarterly 137 (1994).

Scheibert Peter, *Lenin an der Macht. Das russische Volk in der Revolution 1918–1922*, Weinheim 1984.

Schimmel Annemarie, *Märtyrer der Gottesliebe*, Köln 1969.

Schimmel Annemarie (Hrsg. und Übers.), *Al-Halladsch: „O Leute, rettet mich vor Gott"*, Freiburg/Basel/Wien 1985.

Schmidt Susanna, *„Handlanger der Vergänglichkeit". Zur Literatur des katholischen Milieus 1800–1950*, 1994.

Schmitt Eberhard, *Die Anfänge der europäischen Expansion*, Idstein 1991.

Schmölders Claudia, *Hitlers Gesicht. Eine physiognomische Biographie*, München 2000.

Schnabel Franz, *Deutsche Geschichte im neunzehnten Jahrhundert*, Bd. 3: *Erfahrungswissenschaften und Technik*, Freiburg ²1950.

Shirer William L., *Das Jahrzehnt des Unheils* (Neuausgabe), München 1989.

Silone Ignazio, *Die Schule der Diktatoren*, Zürich 1938.

Smith Lacey Baldwin, *Fools, Martyrs, Traitors. The Concept of Martyrdom in the Western World*, Chicago 1999.

Snow Edgar, *Red Star over China*, London 1937 (dt. unter dem Titel: *Roter Stern über China*, Frankfurt (M.) 1970, Neuausgabe 1986).

Sobrino Jon, *Die Märtyrer: eine Herausforderung für die Kirche*, in: Concilium 39 (2003).

Söding Thomas (Hrsg.), *Ist der Glaube Feind der Freiheit? Die neue Debatte um den Monotheismus*, Freiburg 2003.

Sofsky Wolfgang, *Die Ordnung des Terrors. Das Konzentrationslager*, Frankfurt (M.) 1993.

Sofsky Wolfgang, *Traktat über die Gewalt*, Frankfurt (M.) ²1996.

Solschenizyn Alexander, *Kirche und Politik*, Zürich 1973.

Steinberg Guido, *Usama bin Laden und Saudi-Arabien. Hintergründe der Terroranschläge des 11. September*, in: Konrad-Adenauer-Stiftung: Auslands-Informationen 11/2001.

Stepun Fedor, *Das bolschewistische Russland. Gedanken und Bilder*, in: Hochland 21 (1924).

Sternberger Dolf, *Drei Wurzeln der Politik* (= Schriften II, 1, 2), Frankfurt (M.) 1978.

Strauss Leo, *Naturrecht und Geschichte*, Stuttgart 1956.

Strauss Leo, *On Tyranny* (1948), dt. unter dem Titel: *Über Tyrannis*, Neuwied/Berlin 1963.

Suchanow Nikolaj Nikolajewitsch, *1917. Tagebuch der Russischen Revolution*, hrsg. und übers. von Nikolaus Ehlert, München 1967.

Suter Daniel, *Rechtsauflösung durch Angst und Schrecken. Zur Dynamik des Terrors im totalitären System*, Berlin 1983.

Talmon Jacob L., *Die Ursprünge der totalitären Demokratie*, Köln/Opladen 1961.

Tan Chung, *Trial and triumph of Confucian harmony ethics in modern China*, in: *Pro-*

128

ceedings of the Thirty-First International Congress of Human Sciences on Asia and North Africa, hrsg. von Yamamoto Tatsuro, Bd. 1, Tokio 1984.

Ternon Yves, Les Arméniens. Histoire d'un génocide, Paris 1977.

Thomae Otto, Die Propaganda-Maschinerie. Bildende Kunst und Öffentlichkeitsarbeit im Dritten Reich, Berlin 1978.

Trotha Trutz von, Koloniale Herrschaft. Zur soziologischen Theorie der Staatsentstehung am Beispiel des Schutzgebietes Togo, Tübingen 1994.

Voegelin Eric (Erich), Die politischen Religionen, Wien 1938, Stockholm/Berlin ²1939; neu hrsg. von Peter J. Opitz, München 1993.

Voegelin Eric, Religionsersatz, in: Wort und Wahrheit 15 (1960).

Voegelin Eric, Die deutsche Universität und die Ordnung der deutschen Gesellschaft, in: Die deutsche Universität im Dritten Reich. Eine Vortragsreihe der Universität München, München 1966 (Neuausgabe 2002).

Voss Gerhard, Das Gedächtnis der Märtyrer in der römisch-katholischen Kirche, in: Evangelische Arbeitsgemeinschaft für Kirchliche Zeitgeschichte, Mitteilungen 21/2003.

Welte Bernhard, Vom Wesen und Unwesen der Religion, Frankfurt (M.) 1952.

Werfel Franz, Zwischen oben und unten, Stockholm 1946.

Wieland Joachim, Die Entstehung der deutschen Nationalsymbole, in: Joachim Bohnert u. a. (Hrsg.), Verfassung – Philosophie – Kirche (FS für Alexander Hollerbach zum 70. Geburtstag), Berlin 2001.

Wohl Robert, The Generation of 1914, Harvard 1979.

Zeller Bernhard (Hrsg.), Stefan George 1868–1968. Der Dichter und sein Kreis (Katalog zur Ausstellung des Deutschen Literaturarchivs im Schiller-Nationalmuseum, Marbach am Neckar), München ²1968.

Zenger Erich, Was ist der Preis des Monotheismus? Die heilsame Provokation von Jan Assmann, in: Herder Korrespondenz 55 (2001).

Anmerkungen

I. Religion – eine Quelle der Gewalt?

[1] Ein Überblick über die Diskussion in: Rheinischer Merkur 8.3.2002. – Zum Thema allgemein: Tariq Ali, *The Clash of Fundamentalisms – Crusades, Jihads and Modernity*, London 2002 (dt. unter dem Titel: *Fundamentalismus im Kampf um die Weltordnung*, München 2003); Frank Becker u. a. (Hrsg.), *Politische Gewalt in der Moderne*, Münster 2003; Ion Krakauer, *Under the Banner of Heaven. A Story of Violent Faith*, New York 2003 (dt. unter dem Titel: *Mord im Auftrag Gottes. Eine Reportage über religiösen Fundamentalismus*, München 2003); Johannes Laube (Hrsg.), *Das Böse in den Weltreligionen*, Darmstadt 2003. Siehe auch Anm. 2, 8, 12.

[2] Joseph Croitoru, *Der Märtyrer als Waffe*, München/Wien 2003.

[3] Das geht deutlich aus dem in Boston gefundenen, bereits 1996 geschriebenen Testament des Attentäters Mohammed Atta hervor (zit. nach FAZ 1.10.2001). Hier finden sich nicht nur die Bilder der bösen westlichen Welt, die es im Auftrag Gottes zu bekämpfen und niederzuringen gilt; der eigene Einsatz wird auch als Buße dafür verstanden, dass ein gläubiger Muslim heute gar nicht umhinkann, am Lebensstil des ungläubigen Feindes wenigstens zeitweilig teilzunehmen. „Die Zeit ist reif, um das Richtige zu tun. Wir haben unser Leben verschwendet, und nun ist die Gelegenheit und die Stunde gekommen, uns Gott hinzugeben … Gott wird dich erheben und dir alle Sünden vergeben … Entsinne dich der Aussagen des Allmächtigen, dass Gott die Ungläubigen niederschlagen und besiegen wird." Auffällig für westliche Augen sind die Verfügungen, welche die kultische Reinheit betreffen: „Weder schwangere Frauen noch unreine Personen sollen von mir Abschied nehmen … Frauen sollen nicht für meinen Tod Abbitte leisten … Derjenige, der meinen Körper und meine Genitalien wäscht, sollte Handschuhe tragen, damit ich dort nicht berührt werde." Hier spielt nicht nur die Furcht vor kultischer Verunreinigung eine Rolle, sondern auch die Hoffnung auf einen reinen, unverweslichen Martyrerleib. Auch die Legende von den 72 Jungfrauen, welche die Glaubenskämpfer nach ihrem Tod im Paradies empfangen, gehört in diesen Zusammenhang.

[4] Ich gebrauche das Wort verallgemeinernd für die militanten, gewaltentschlossenen Kräfte im Islam.

5 Michael Pohly/Khalid Duran, *Usama bin Ladin und der internationale Terrorismus*, München ⁴2001; Guido Steinberg, *Usama bin Laden und Saudi-Arabien. Hintergründe der Terroranschläge des 11. September*, in: Konrad-Adenauer-Stiftung: Auslands-Informationen (KAS) 11/01, 4 ff.

6 KAS 11/01, 15 f.

7 Typisch etwa Arundhati Roy, *Wut ist der Schlüssel*, FAZ 28.9.2001 (die Gegenposition bei V. S. Naipaul, *Der Islam will die Welt beherrschen*, FAZ 13.8.2002). Das Gefühl kultureller Unterlegenheit wird seit 1989/90 politisch verstärkt durch die zunehmend „asymmetrische Machtverteilung" im internationalen System. So sieht Werner Link einen Zusammenhang zwischen dem Ende der Bipolarität (und der mit ihr konkurrierenden Blockfreiheit!), dem Hervortreten der „einen und einzigen Supermacht" Amerika und dem neu auftretenden „David-Goliath-Syndrom", der Tendenz zur „asymmetrischen Kriegführung" und zum „internationalen Terrorismus, dessen Träger gesellschaftliche Gruppen sind" (*Der „enthegte" Krieg. Warum sich der Terror gegen die Vereinigten Staaten von Amerika richtet*, in: Frankfurter Rundschau 14.9.2002).

8 So Otto Kallscheuer in einer Besprechung des Buches von Marc Juergensmeyer, *Terror in the Mind of God*, Berkeley 2000, in: FAZ 24.4.2002. Vgl. auch Ulrich Raulff, *Bruder Laden. Absolute Feindschaft und die Verteidigung der Zivilisation*, SZ 9.10.2001.

9 Herfried Münkler, *Die neuen Kriege*, Hamburg 2002; Erhard Eppler, *Vom Gewaltmonopol zum Gewaltmarkt?*, Frankfurt (M.) 2002.

10 Eppler 73.

11 Dafür plädiert Odo Marquard, *Lob des Polytheismus*, in: ders., *Abschied vom Prinzipiellen*, Stuttgart 1991, 91 ff. Zur gegenwärtigen Diskussion vgl. Thomas Söding (Hrsg.), *Ist der Glaube Feind der Freiheit? Die neue Debatte um den Monotheismus*, Freiburg 2003.

12 Ein bezeichnender Fall ist der des französischen Schriftstellers Michel Houellebecq. Er hatte im September 2001 der Zeitschrift *Lire* ein Interview gegeben, in dem er den Islam als „la religion la plus con" (die „bescheuertste Religion") bezeichnete. Angeklagt, den Islam geschmäht und den Rassenhass geschürt zu haben, wurde Houellebecq vor der 17. Pariser Strafkammer grundsätzlich: Er halte *alle* monotheistischen Religionen für gewalttätig und dumm; ihre heiligen Texte seien keine Dokumente der Liebe, sondern verkündeten den Hass. – Houellebecq wurde freigesprochen!

13 Extrem zugespitzt die Formulierung von Richard Dawkin im unmittelbaren Anschluss an die Zerstörung der „Twin Towers": „To fill a world with religion, or religions of the Abrahamitic kind, is like littering the streets with loaded guns. Do not be surprised if they are used." (Zit. von Klaus Müller in: Thomas Söding (Hrsg.), *Ist der Glaube Feind der Freiheit? Die neue Debatte um den Monotheismus*, Freiburg 2003, 176.) Gute Übersicht bei Adel Theodor Khoury u. a. (Hrsg.), *Krieg und Gewalt in den Weltreligionen*, Freiburg 2003.

[14] Repräsentativ Francis Kardinal Arinze, *Religionen gegen die Gewalt. Eine Allianz für den Frieden*, Freiburg 2002.

[15] Jan Assmann, *Moses der Ägypter. Entzifferung einer Gedächtnisspur*, München 1998.

[16] Hierzu Erich Zenger, *Was ist der Preis des Monotheismus? Die heilsame Provokation von Jan Assmann*, in: Herder Korrespondenz 55 (2001), 186 ff., und Söding (wie Anm. 13).

[17] Augustinus, *De civitate Dei* VI, 5–9. Siehe hierzu Jürgen Werbick, *Absolutistischer Eingottglaube? – Befreiende Vielfalt des Polytheismus?*, in: Söding (wie Anm.13), 142 ff.

[18] Volkhard Krech, *Religion und Gewalt. Empirische Beobachtungen und systematische Überlegungen* (Referat auf der Tagung „Religion und Gewalt" vom 15. bis 17.3.2002 in Loccum), 14. Ich danke dem Verfasser für die Einsicht in das Manuskript.

[19] René Girard, *La violence et le sacré*, Paris 1972; ders., *Ich sah den Satan vom Himmel fallen wie einen Blitz. Eine kritische Apologie des Christentums*, München/Wien 2002; Walter Burkert, *Homo necans. Interpretationen altgriechischer Opferriten und Mythen*, Berlin [2]1997.

[20] Karl Kardinal Lehmann, *Recht überwindet Rache*, in: Rheinischer Merkur 20.6.2002.

[21] So Adel Theodor Khoury in einem Vortrag bei der Generalversammlung der Görres-Gesellschaft am 30.9.2002 in Erfurt; hier zitiert nach der Zusammenfassung von Heinrich Oberreuter in: Jahres- und Tagungsbericht der Görres-Gesellschaft 2002, 187 f.

II. Neuzeitliche Gewalt und Politik

[22] Während das Deutsche auf vielen Gebieten über ein reiches, oft überreiches Vokabular verfügt, ist es in politischen Dingen oft wortkarg und pauschal. Unser Wort „Gewalt" bezeichnet mehrere Dinge gleichzeitig: die Amtsgewalt des Staates, aber auch die von Kriminellen geübte Gewalttätigkeit (Gewalt gegen Menschen, Gewalt auf der Straße), den legitimen Zwang (etwa gegen Rechtsbrecher) und die Kontrolle über ein Gebiet, ein Territorium. Die Angelsachsen unterscheiden *power, force, control* und *violence* (ähnlich die Romanen). *Wir* müssen dagegen ständig zwischen positiven Gewaltbegriffen (man denke etwa an die elterliche Gewalt) und dem Gegenteil, der Gewalt des Verbrechens, hin- und herpendeln, ohne dass uns andere Wörter zur Verfügung stünden als eben dieses eine. Wir können es zwar *akzentuieren*, können etwa von krimineller Gewalt oder von Gewalttätigkeit sprechen; aber es bleibt die Schwierigkeit, dass unser Wort Gewalt die anderswo selbstverständlichen Differenzierungen nicht enthält.

[23] Immanuel Kant, *Über den Gemeinspruch: Das mag in der Theorie richtig sein,*

taugt aber nicht für die Praxis (1793); hier zit. nach der von Manfred Riedel herausgegebenen Reclam-Ausgabe der *Schriften zur Geschichtsphilosophie*, Stuttgart 1974, 118–165 (die Zitate 164 f.).

[24] Wolfgang Reinhard, *Geschichte der Staatsgewalt*, München 1999, ²2002.

[25] Hans Maier, *Die ältere deutsche Staats- und Verwaltungslehre*, München ²1980, 102 ff.

[26] Beste Darstellung noch immer: Franz Schnabel, *Deutsche Geschichte im neunzehnten Jahrhundert*, Bd. 3: *Erfahrungswissenschaften und Technik*, Freiburg ²1950; vgl. auch Laetitia Boehm/Charlotte Schönbeck (Hrsg.), *Technik und Bildung*, Düsseldorf 1989.

[27] So der Dichteringenieur Max Maria von Weber, zit. bei Schnabel (wie Anm. 26), 240: „Die Zivilisation ist eine Gesellschaftsarbeit. Je fester Schulter an Schulter, in je innigerem Kontakt, in je rascherer Wechselwirkung die Mitwirkenden dabei stehen, um so energischer und schneller wird sie gefördert werden. Ihre Hauptgegner sind dabei die mächtigen Trenner, Raum und Zeit: je kleiner die Welt, um so größer der Mensch."

[28] John Keegan, *A History of Warfare*, New York 1993 (dt. unter dem Titel: *Die Kultur des Krieges*, Berlin 1995); Martin van Creveld, *Technology and War*, New York 1989 (dort weitere Literatur).

[29] van Crefeld, 153–232; Keegan (wie Anm. 28, dt. Ausgabe), 492–535; übersichtliche Systematisierung bei Wolfgang Sofsky, *Traktat über die Gewalt*, Frankfurt (M.) ²1996, 27–44.

[30] Gerhard Ritter, *Staatskunst und Kriegshandwerk. Das Problem des „Militarismus" in Deutschland*, Bd. 1: *Die altpreußische Tradition (1740–1890)*, München 1954.

[31] Eberhard Schmitt, *Die Anfänge der europäischen Expansion*, Idstein 1991.

[32] Rudolf von Albertini, *Europäische Kolonialherrschaft 1880–1940*, Zürich ²1985.

[33] Friedrich List und W. S., Art. *Asien*, in: *Das Staats-Lexikon. Encyklopädie der sämmtlichen Staatswissenschaften für alle Stände*, hrsg. von Carl von Rotteck und Carl Welcker, Bd. 1, Altona 1845, 696–712 (709/10).

[34] List (wie Anm. 33), 708.

[35] Franz Ansprenger, *Auflösung der Kolonialreiche*, Lausanne 1970, 7, weist mit Recht darauf hin, dass sich die Weißen nicht immer als Herrenrasse gefühlt haben. „Es dürfte schwer fallen, dieses hervorstechende Element der Weltgeschichte des 19. und 20. Jahrhunderts in das europäische Mittelalter oder gar in die Antike zurückzuverfolgen. An den Weihnachtskrippen legt noch heute der Mohrenkönig Zeugnis ab für eine rassen-unbewußte Kultur. Der König Etzel des Nibelungenliedes ist kein Repräsentant einer Gelben Gefahr, der Feirefiz Wolfram von Eschenbachs keine Schwarze Schande für das Reich des Gral. Die Kreuzfahrer kämpften wohl gegen Ungläubige, aber sie waren weit davon entfernt, den Sultan Saladin einen ‚Bicot' zu nen-

nen; denn dann wäre schließlich auch der heilige Augustinus, Bischof von Hippo in Nordafrika, ein ‚Bougnoule' gewesen, worauf kluge Franzosen während des Algerienkrieges hingewiesen haben. ‚Bicot' und ‚Bougnoule' waren schwer übersetzbare Bezeichnungen der Algerien-Europäer für ihre islamischen Landsleute."

[36] John Iliffe, *Geschichte Afrikas*, München 1997, 258.

[37] Sprechende Zitate bei Trutz von Trotha, *Koloniale Herrschaft. Zur soziologischen Theorie der Staatsentstehung am Beispiel des Schutzgebietes Togo*, Tübingen 1994, 37–44. So rühmt sich der Leutnant Valentin von Massow seiner „Strafexpedition" gegen die Konkomba im Spätherbst und Winter 1897: „ … im ganzen habe ich cirka 40–50 Ortschaften eingeäschert, so viel wie möglich Farmen zerstört, ca. 300 Stück Rindvieh und 100–200 Schafe fortgetrieben" (41). „Hierbei (bei einem Feldzug im Gebiet der Kabiyé und Losso zu Beginn des Jahres 1898) bewährte sich das Maxim-Geschütz vorzüglich … auf 1800–2000 Meter tötete es unter den total verdutzten, nur an Fetisch glaubenden Eingeborenen … im Umsehen 10 und verwundete viele andere" (42). Iliffe (wie Anm. 36), 257, führt (aus späterer Zeit) die Äußerung eines 27-jährigen britischen Distriktoffiziers aus Zentralnigeria an: „Es ist ein erbärmlicher Anblick, wenn ein Dorf dem Erdboden gleichgemacht wird, und ich wünschte, es gäbe einen anderen Weg, aber leider gibt es keinen." – Ähnlich herablassende oder vergnügt-verächtliche Dicta gegenüber Eingeborenen finden sich in den Erzählungen und Romanen Kiplings. Kriegerische Expeditionen werden dort meist als eine Art von gehobenem Jagdvergnügen geschildert.

[38] Ansprenger (wie Anm. 35), 13.

[39] Zu erinnern ist an Sir Frederick Dealtry Lugards Theorie des „doppelten Mandats", aber auch an die Thesen von Bernhard Dernburg, *Zielpunkte des deutschen Kolonialwesens*, Berlin 1907.

[40] In diesem Sinn argumentierte Jules Ferry, einer der Schöpfer des französischen Kolonialreichs, am 28. Juli 1885 in der Pariser Deputiertenkammer: „Ich wiederhole: Es gibt für die höheren Rassen ein Recht, weil es für sie auch eine Pflicht gibt. Sie haben die Pflicht, die niederen Rassen zu zivilisieren …" (zit. bei Franz Ansprenger, *Kolonisierung und Entkolonisierung in Afrika*, Stuttgart 1964, 18–20 [20]).

[41] „Insofern ist die kolonialistische Erfahrung ein weiterer wichtiger Bereich, in dem Roheit und Menschenverachtung gelernt wurden. Auch rein quantitativ sind die kolonialistischen Massaker, Völkermorde, Versklavungen und die damit verbundenen alltäglichen Roheitsakte unvergleichlich gravierender als alles, was innereuropäisch verübt wurde. Es kommt hinzu, dass das koloniale Verhältnis mit seinem unbefragten Ausgangspunkt eines europäischen Herrenmenschentums und einer untermenschlichen Position für alle Nicht-Europäer wohl das Vorbild und Trainingsfeld auch für die inner-

europäischen Rassismen war" (Heinz Steinert, *Aus der Geschichte der Welt und der Untergänge*, in: Merkur, Deutsche Zeitschrift für europäisches Denken 52 [1998], 1127–1142 [1134, Anm. 5]). – Kein historischer Zufall ist es, dass auch das Konzentrationslager seinen Ursprung im Kolonialismus bzw. Kolonialkrieg hat. So wurden im Kampf der Spanier gegen das aufständische Kuba 1896 erstmals „campos de concentración" eingerichtet. Auch die Amerikaner verwendeten 1900 auf der Insel Mindanao Konzentrationslager „zum Schutz der nichtkämpfenden Zivilisten", als sie den Aufstand der Philippinos niederwarfen. Am bekanntesten sind die „concentration camps", welche die Engländer nach dem Ende des regulären Kriegs in Südafrika (1900) gegen die Buren-Guerilla anwandten; infolge unzureichender sanitärer Anlagen, fehlender medizinischer Versorgung und mangelhafter Ernährung starben in ihnen mehr als 20 000 Menschen, überwiegend Frauen, Kinder und Greise (Andrzej J. Kaminski, *Konzentrationslager 1896 bis heute. Eine Analyse*, Stuttgart 1982, 34–38).

[42] Wie sie bei Jacob L. Talmon in seinem verdienstvollen Buch *Die Ursprünge der totalitären Demokratie*, Köln/Opladen 1961, anklingen. Demgegenüber muss man mit Tocqueville die Offenheit des demokratischen Prozesses betonen, der sich in verschiedene Richtungen – verfassungsstaatliche, anarchische und „totalitäre" – entwickeln kann.

[43] Der „Klassiker" für diese Zusammenhänge – viel zu wenig genutzt von Historikern und Sozialwissenschaftlern! – ist Elias Canetti, *Masse und Macht* (1960).

[44] Bei Canetti sind hauptsächlich die dynamisierend wirkenden Elemente des Demokratisierungsprozesses analysiert – die Verwandlungen von Jagd (Meute), Krieg, Befehl und Macht unter den Bedingungen der Massenhaftigkeit. Man müßte diese Analysen ergänzen durch Untersuchung jener Elemente, die im Gegenzug „statisierend" wirken (und zum Beispiel die Außenpolitik demokratischer Staaten vermittels ihrer Bindung an die öffentliche Meinung „langsamer" und für rasche Wandlungen weniger zugänglich machen).

[45] Gerhard Ritter (wie Anm. 30), 60–96; Panajotis Kondylis, *Theorie des Krieges. Clausewitz – Marx – Engels – Lenin*, Stuttgart 1988, 103–115.

[46] Keegan (wie Anm. 28, dt. Ausgabe), 509.

[47] Ebd., 516.

[48] Ebd., 514–516.

[49] Diese Perspektiven werden entwickelt in Ernst Jüngers Essay *Die totale Mobilmachung* (1930) und – in größerem geschichtlichem Zusammenhang – in seinem Buch *Der Arbeiter* (1932), wiederabgedruckt in: *Sämtliche Werke*, Bd. 7 (Zweite Abt., Essays I), Stuttgart 1980, 119–142 (TM) und Bd. 8 (Essays II), Stuttgart 1981, 17–317 (DA).

[50] Man nehme als beliebig herausgegriffene Beispiele Cézannes *Bahndurchstich*, Fontanes *Brücke am Tay* oder Arthur Honeggers *Pacific 231* – nicht zu

reden von der Phantasiewelt der technischen Zukunftsromane von Jules
Verne bis zu Bernhard Kellermann (*Der Tunnel*, 1913) und Alfred Döblin
(*Berge, Meere und Giganten*, 1924).

[51] Johann Wolfgang Goethe, *Faust: Texte*, hrsg. von Albrecht Schöne,
Frankfurt (M.) 1994, und Johann Wolfgang Goethe, *Faust: Kommentare*, hrsg.
von Albrecht Schöne, Frankfurt (M.) 1994; Wolfgang Frühwald, *Die Erfahrung, sich selbst historisch zu werden: Goethes Spätwerk*, in: *Insel-Almanach auf das
Jahr 1999*, Frankfurt (M.)/Leipzig 1998, 197 ff.

[52] Zit. bei Frühwald (wie Anm. 51), 203.

[53] Was übrigens den Widerspruch Alexander von Humboldts hervorruft:
siehe Hermann Braun, Art. *Welt*, in: *Geschichtliche Grundbegriffe. Historisches Lexikon zur politisch-sozialen Sprache in Deutschland*, hrsg. von Otto Brunner/Wer-
ner Conze/Reinhart Koselleck, Bd. 7, Stuttgart 1992, 433–510 (497).

[54] Braun (wie Anm. 53), 489: „Komposita wie ‚Welthandel' oder ‚Weltherrschaft' treten bei der Wende vom 18. zum 19. Jahrhundert aus der theologischen Disjunktion Gott – Welt heraus. Zugleich aber wird die Reduktion des
Weltbegriffs auf die menschliche Lebenssphäre mehr und mehr selbstverständlich." Der Begriff „Weltanschauung" findet sich schon bei Kant (*Kritik
der Urteilskraft*) und wird von Fichte und Schelling übernommen; „Weltlitera-
tur" ist eine goethische Prägung (Erstbeleg: Tagebuchnotiz vom 15.1.1827) –
in Analogie dazu spricht Georg Capellen 1905 von „Weltmusik". Vgl. auch
das *Deutsche Wörterbuch* von Jacob und Wilhelm Grimm, Art. *Welt und zugehö-
rige Komposita* (Bd. 28, 1984 (Neudruck), 1456–1741).

[55] Braun, 488–497.

[56] Zit. bei Ansprenger (wie Anm. 35), 13.

[57] Robert Wohl, *The Generation of 1914*, Harvard 1979; Michael Howard, *Der
Krieg in der europäischen Geschichte*, München 1981; Martin van Creveld (wie Anm.
28); Rudolph Joseph Rummel, *Death by Government*, New Brunswick 1994.

[58] Raphael Lemkin, *Genocide. A New International Crime. Punishment and Prevention*, in: Revue internationale de droit pénal 17 (1946), 360 ff.; Yves Ternon, *Les Arméniens. Histoire d'un génocide*, Paris 1977; Alan Rosenberg, *The Ge-
nocidal Universe: A Framework for Understanding the Holocaust*, in: European
Judaism 13 (1979), 29–34; Robert Conquest, *The Harvest of Sorrow: Soviet Col-
lectivization and the Terror Famine*, London 1986 (dt. unter dem Titel: *Ernte des
Todes. Stalins Holocaust in der Ukraine 1929–1933*, München 1988); Alfred
Grosser, *Le crime et la mémoire*, Paris 1989 (dt. unter dem Titel: *Ermordung der
Menschheit. Der Genozid im Gedächtnis der Völker*, München 1990); Robert Jay
Lifton/Eric Markusen, *The Genocidal Mentality. Nazi Holocaust and Nuclear
Threat*, New York 1990 (dt. unter dem Titel: *Die Psychologie des Völkermordes.
Atomkrieg und Holocaust*, Stuttgart 1992); Ben Kiernan, *The Pol Pot Regime. Race,
Power, and Genocide in Cambodia under the Khmer Rouge, 1975–79*, New Haven/
London 1996.

[59] Michael Heller, *Stacheldraht der Revolution. Die Welt der Konzentrationslager in der sowjetischen Literatur,* Stuttgart 1975; Andrzej J. Kaminski, *Konzentrationslager 1896 bis heute. Eine Analyse,* Stuttgart 1982; Hans Buchheim u. a., *Anatomie des SS-Staates,* 2 Bde., München [5]1989; Richard Pipes, *Die Russische Revolution,* Bd. 2: *Die Macht der Bolschewiki,* Berlin 1992, 825–833; Wolfgang Sofsky, *Die Ordnung des Terrors. Das Konzentrationslager,* Frankfurt (M.) 1993. Ulrich Herbert/Karin Orth/Christoph Dieckmann (Hrsg.), *Die nationalsozialistischen Konzentrationslager. Entwicklung und Struktur,* 2 Bde., Göttingen 1998; Christopher Browning, *Die Entfesselung der „Endlösung",* München 2003.

[60] Dem widersprechen nur scheinbar die Ergebnisse von Rudolph Joseph Rummel (wie Anm. 57), die an späterem historischem Material entwickelt sind und die Reaktion der westlichen Demokratien auf die riesigen Kriegsverluste des Ersten Weltkriegs widerspiegeln. Der schonendere Umgang mit dem Leben der Kombattanten hat im Zweiten Weltkrieg freilich – auf dem Weg über den Luftkrieg – zu umso größeren Verlusten unter der Zivilbevölkerung geführt.

[61] Hierzu Hannah Arendt, *On violence,* New York 1969 (dt. unter dem Titel: *Macht und Gewalt,* München [4]1981); Johan Galtung, *Violence, Peace and Peace Research,* in: Journal of Peace Research 4 (1969), 167 ff.; Ulrich Matz, *Politik und Gewalt. Zur Theorie des demokratischen Verfassungsstaates und der Revolution,* Freiburg 1975; Karl-Georg Faber/Christian Meier/Karlheinz Ilting, Art. *Macht, Gewalt,* in: *Geschichtliche Grundbegriffe. Historisches Lexikon zur politisch-sozialen Sprache in Deutschland,* hrsg. von Otto Brunner/Werner Conze/Reinhart Koselleck, Bd. 3, Stuttgart 1982, 817–935; Eric A. Johnson/Eric H. Monkkonen (Hrsg.), *The Civilisation of Crime. Violence in Town and Country since the Middle Age,* Urbana 1996; Sofsky (wie Anm. 29).

[62] Siehe Eppler (wie Anm. 9).

III. Religionsähnliche Elemente in totalitären Systemen

[63] Vgl. als Beispiel für viele seinen Fastenbrief an den Patriarchen von Moskau und ganz Rußland, Pimen, von 1972; abgedruckt in: Alexander Solschenizyn, *Kirche und Politik,* Zürich 1973, 31–37.

[64] Daniel Suter, *Rechtsauflösung durch Angst und Schrecken. Zur Dynamik des Terrors im totalitären System,* Berlin 1983, 131–135.

[65] Suter (wie Anm. 63), 134.

[66] Aus der unübersehbaren Literatur seien erwähnt: Edgar Snow, *Red Star over China,* London 1937 (dt. unter dem Titel: *Roter Stern über China,* Frankfurt (M.) 1970, Neuausgabe 1986); Jürgen Domes, *Die Ära Mao,* Stuttgart 1971; Peter J. Opitz, *Mao Tse-tung,* in: Rolf K. Hocevar/Hans Maier/Paul-Ludwig Weinacht (Hrsg.), *Politiker des 20. Jahrhunderts,* Bd. 2, München 1971, 369–409; Michel Masson, *Wurzeln und religiöse Elemente des Maoismus,* in: Con-

cilium 15 (1979), 362–366; Chung Tan, *Trial and triumph of Confucian harmony ethics in modern China*, in: *Proceedings of the Thirty-First International Congress of Human Sciences on Asia and North Africa*, hrsg. von Yamamoto Tatsuro, Bd. 1, Tokio 1984, 255–256; Zhou Qun u. a., *Mao worship past and present*, in: Twenty-First Century 20 (1993), 37–43; Thomas Scharping, *The man, the myth, the message. New trends in Mao-literature from China*, in: China Quarterly 137 (1994), 168–179; Thomas Heberer (Hrsg.), *Mao Zedong – Der unsterbliche Revolutionär?*, Hamburg 1995.

[67] Marie-Joseph Le Guillou, *Das Mysterium des Vaters*, Einsiedeln 1974, bemerkt, die modernen Totalitarismen ahmten oft „die Sünde des Christentums" nach. „Es gab in der Kirchengeschichte Momente, da die Freiheit des Menschen nicht mehr als der dogmatischen Definition transzendent begriffen wurde. Es gab Momente, da diese über die Grenzen des Nötigen und Erlaubten hinaus vorgetrieben wurde: ein Vorgang der Teilideologisierung des Christentums … Was die ideologische Macht als erstes nachahmt, auch in anderen Bereichen, ist genau das, was sie dem Christentum getan zu haben vorwirft, und was nicht zu tun dieses erst legitimiert: das Verbrennen der Häretiker und der Hexen, die Überwachung der Gewissen" (180 f.).

[68] Hans Günter Hockerts, *Mythos, Kult und Feste. München im nationalsozialistischen „Feierjahr"*, in: Richard Bauer (Hrsg.), *München – „Hauptstadt der Bewegung"*, München 1993, 331–341 (332).

[69] Hockerts (wie Anm. 68), 334.

[70] Hermann Lenz, *Neue Zeit*, Frankfurt (M.) 1975, 16.

[71] Arnold Angenendt, *Heilige und Reliquien*, München 1994, 327–330 („Die totalitären Ideologien").

[72] Angenendt (wie Anm. 71), 329.

[73] Beispiele bei Gerd Koenen, *Die großen Gesänge. Lenin, Stalin, Mao, Castro … Sozialistischer Personenkult und seine Sänger von Gorki bis Brecht – von Aragon bis Neruda*, Frankfurt (M.) 1987, 168 ff., 181 f. Die aufschlussreichste Quelle für den Personenkult um Mao ist das Buch seines langjährigen Arztes Li Zhisui, *The Private Life of Chairman Mao*, 1994.

[74] Koenen (wie Anm. 73), 181.

[75] Ebd., 119, 139, 181.

[76] Sie hält bis heute an – trotz der immer wieder diskutierten, jedoch nie realisierten Pläne, den Begründer des Sowjetstaates neben seiner Mutter in St. Petersburg beizusetzen, wie er sich das selbst gewünscht hatte. Die 1956 einsetzende Entstalinisierung und das Ende der Sowjetunion 1991 haben der Lenin-Verehrung neue Impulse gegeben. Die Atmosphäre im Lenin-Mausoleum auf dem Roten Platz in Moskau ist bis zur Stunde politisch-religiös geprägt: Der einbalsamierte Revolutionär wird den andächtig vorbeiziehenden Besuchern wie eine Heiligenreliquie vor Augen gestellt; diese machen keine Worte (und dürfen nicht fotografieren!).

[77] Zu Recht bemerkt Sebastian Haffner, *Historische Variationen*, Stuttgart/ München 2001, 258: „Lenin ist in der kommunistischen Welt gefeiert und geehrt worden wie kaum je ein Mensch vorher. Man wird an die Vergöttlichung Cäsars und Augustus' im kaiserlichen Rom erinnert."

[78] Boris Groys, *Gesamtkunstwerk Stalin*, München/Wien 1988; Reinhard Löhmann, *Der Stalinmythos. Studien zur Sozialgeschichte des Personenkultes in der Sowjetunion (1929–1935)*, Münster 1995.

[79] *XX sezd KPSS, 14–25 fevralja 1956 goda*, 2 Bde., Moskau 1956. Chruschtschows Abrechnung erfolgte erst nach dem Ende des Parteitags vor dem neu gewählten ZK (die Delegierten wurden zurückgerufen).

[80] Koenen (wie Anm. 73), 164 f.

[81] Richard Löwenthal, *Chruschtschow und der Weltkommunismus*, Stuttgart 1963; Wolfgang Leonhard, *Nikita Sergejewitsch Chruschtschow. Aufstieg und Fall eines Sowjetführers*, Luzern/Frankfurt (M.) 1965; Erik Boettcher u. a. (Hrsg.), *Bilanz der Ära Chruschtschow*, Köln/Mainz 1966.

[82] Einen Ausschnitt beleuchtet Christoph Kivelitz, *Die Propagandaausstellung in europäischen Diktaturen*, Bochum 1999; hier wird vor allem die Museums- und Ausstellungspolitik in der Sowjetunion der Stalinzeit dargestellt (235–339). Vgl. ferner Tatjana M. Gorjajewa, *Unterwerfung und Gleichschaltung des Rundfunks in der UdSSR*, in: Dietrich Beyrau (Hrsg.), *Im Dschungel der Macht. Intellektuelle Professionen unter Stalin und Hitler*, Göttingen 2000, 197–218.

[83] Margrit Estermann-Juchler, *Faschistische Staatsbaukunst. Zur ideologischen Funktion der öffentlichen Architektur im faschistischen Italien*, Köln/Wien 1982; Giorgio Giucci, *L'autorappresentazione del fascismo: La mostra del decennale della marcia su Roma*, in: Rassegna: Problemi di architettura dell'ambiente 4 (1982), 48–55, Nr. 10; Kivelitz (wie Anm. 82), 51–234.

[84] *Kunst und Macht im Europa der Diktatoren 1930–1945* (Katalog zur gleichnamigen Ausstellung [XXIII. Kunstausstellung des Europarates] in London, Barcelona, Berlin), Stuttgart 1996, 125 ff., 139 ff.

[85] Otto Thomae, *Die Propaganda-Maschinerie. Bildende Kunst und Öffentlichkeitsarbeit im Dritten Reich*, Berlin 1978; Gerald Diesener/Rainer Gries (Hrsg.), *Propaganda in Deutschland. Zur Geschichte der politischen Massenbeeinflussung im 20. Jahrhundert*, Darmstadt 1996.

[86] Sabine Behrenbeck, *Der Kult um die toten Helden. Nationalsozialistische Mythen, Riten und Symbole 1923–1945* (= Kölner Beiträge zur Nationsforschung, Bd. 2), Vierow bei Greifswald 1996; Werner Freitag (Hrsg.), *Das Dritte Reich im Fest. Führermythos, Feierlaune und Verweigerung in Westfalen 1933–1945*, Bielefeld 1997; Wolfgang Kratzer, *Feiern und Feste der Nationalsozialisten. Aneignung und Umgestaltung christlicher Kalender, Riten und Symbole*, Diss. phil. München 1998; Horst Möller/Volker Dahm/Hartmut Mehringer (Hrsg.), *Die tödliche Utopie. Bilder, Texte, Dokumente, Daten zum Dritten Reich*, München 1999, ³2001.

[87]   Wiedergegeben bei Claudia Schmölders, *Hitlers Gesicht. Eine physiognomische Biographie*, München 2000. – Heines „Suchbilder" gehen dem unbestimmten, in der Öffentlichkeit noch wenig bekannten und wenig konturierten Hitler mit spezifisch übertreibenden Fragen („Ist er fett? Ist er mager? Ist er schön?) zu Leibe in der Absicht, seine charakteristischen Züge zu verdeutlichen – mit dem freilich enttäuschenden Resultat: „Hitler ist überhaupt kein Individuum. Er ist ein Zustand." Angeblich hat diese Karikaturenfolge Heinrich Hoffmann angeregt, sich als Fotograf um Hitler zu bemühen und einen verbindlichen, propagandistisch wirksamen Bildtypus des „Führers" herauszuarbeiten.

[88]   Schmölders (wie Anm. 87), 145.

[89]   Zit. ebd., 16.

[90]   Präzise Nachweise bei Hockerts (wie Anm. 68); Hansjakob Becker, *Liturgie im Dienst der Macht. Nationalsozialistischer Totenkult als säkularisierte christliche Paschafeier*, in: Hans Maier/Michael Schäfer (Hrsg.), *„Totalitarismus" und „politische Religionen". Konzepte des Diktaturvergleichs*, Bd. 2, Paderborn u. a. 1997, 37–65; siehe auch Behrenbeck (wie Anm. 86) und Kratzer (wie Anm. 86).

[91]   Belege bei Hans Maier, *Politische Religionen. Die totalitären Regime und das Christentum*, Freiburg/Basel/Wien 1995, 9–20. Der Hitlergruß zeigt, wie sehr ein suggestives Heilssymbol auch in einem kurzlebigen Regime den Alltag durchdringen und die Beziehungen der Menschen beherrschen konnte.

[92]   A. Lippold, Art. *Liktoren*, in: Carl Andresen u. a. (Hrsg.), *Lexikon der Alten Welt*, Bd. 2, Zürich/München 1990, 1732.

[93]   Der Begriff *fascio* („Bündel", „Bund") hatte sich schon im 19. Jahrhundert verselbständigt; es gab *fasci* verschiedener Art (sozialistische, aber auch christlich-demokratische); auch der Begriff *fascismo* taucht bereits 1898 auf.

[94]   Hierzu Rudolf Lill, *Geschichte Italiens in der Neuzeit*, Darmstadt ³1986, 301–371; Karl Dietrich Bracher/Leo Valiani (Hrsg.), *Faschismus und Nationalsozialismus*, Berlin 1991, 161–216; Hans Maier, *„Totalitarismus" und „politische Religionen". Konzepte des Diktaturvergleichs*, in: Vierteljahreshefte für Zeitgeschichte 43 (1995), 387–405, hier 403 f.; Emilio Gentile, *Il culto del littorio: La sacralizzazione della politica nell'Italia fascista*, Rom/Bari 1998; ders., *Die Sakralisierung der Politik*, in: Hans Maier (Hrsg.), *Wege in die Gewalt. Die modernen politischen Religionen*, Frankfurt (M.) 2000, 166–182.

[95]   René Fülöp-Miller, *Geist und Gesicht des Bolschewismus. Darstellung und Kritik des kulturellen Lebens in Sowjet-Rußland*, Zürich/Leipzig/Wien 1926, 36–68; 370–382; Richard Pipes, *Die Russische Revolution*, Bd. 3, München 1993, 459–594.

[96]   Alexander Blok, *Die Zwölf* (1921): „Voran mit blutger Fahne, / Kugelfest, verratgefeit, / Schneeverhüllt und perlumschneit, / Sanften Schritts durch Sturmestosen / Geht im Kranz aus weißen Rosen, / Lichtumstrahlt gleich einem Stern / Jesus Christ, der Sohn des Herrn" (dt. von Valerij Tarsis).

[97] Peter Scheibert, *Lenin an der Macht. Das russische Volk in der Revolution 1918–1922*, Weinheim 1984.

[98] Es tauchte um die Jahrhundertwende als „indogermanisches", „arisches" Symbol sowohl in politischen wie in künstlerischen Zirkeln (Weimar, Bayreuth, Wien) auf. Guido List, Mitglied des Wiener „Ordens des neuen Tempels", bezeichnete es 1908 als „Symbol für die Reinheit des Blutes" (Kratzer [wie Anm. 86], 317). Auch in Stefan Georges „Blättern für die Kunst" findet es sich als Signet (gezeichnet von Melchior Lechter) seit 1910. Dem George-Kreis war freilich die politische Verwendung der Swastika später peinlich. So bemerkt ein Prospekt des Verlags Georg Bondi (undatiert, zit. in: Bernhard Zeller [Hrsg.], *Stefan George 1868–1968. Der Dichter und sein Kreis*, München ²1968, 399) entschuldigend: „Als dieses uralte (indische) Zeichen im Oktober 1918 ‚Hakenkreuz' benannt wurde und seinen heutigen Sinn bekam, konnte der Kreis der Blätter für die Kunst sein seit vielen Jahren eingeführtes Signum nicht abschaffen."

[99] Joachim Wieland, *Die Entstehung der deutschen Nationalsymbole*, in: Joachim Bohnert u. a. (Hrsg.), *Verfassung – Philosophie – Kirche* (FS für Alexander Hollerbach zum 70. Geburtstag), Berlin 2001, 81–98, hier 97; Kratzer (wie Anm. 86), 314–324.

[100] Zum Folgenden Adolf Hitler, *Mein Kampf*, zit. bei Behrenbeck (wie Anm. 86), 415.

[101] Behrenbeck 418 f.

[102] Das Thema bedürfte einer systematisch-vergleichenden monographischen Behandlung. Psychologische Ausschnitte speziell zum Nationalsozialismus erschließen: Saul Friedländer, *Kitsch und Tod. Der Widerschein des Nazismus*, München 1984; Gudrun Brockhaus, *Schauder und Idylle. Faschismus als Erlebnisangebot*, München 1997.

[103] Hannah Arendt, *Über die Revolution*, München 1965, 62 (dort auch das Marxzitat).

[104] Franz Werfel, *Können wir ohne Gottesglauben leben?*, in: ders., *Zwischen oben und unten*, Stockholm 1946, 65–148 (84 f.).

[105] Werfel (wie Anm. 104), 98.

[106] Eric (Erich) Voegelin, *Die politischen Religionen*, Wien 1938, Stockholm/Berlin ²1939 (neu herausgegeben von Peter J. Opitz, München 1993).

[107] Raymond Aron, *L'Ère des Tyrannies d'Élie Halévy*, in: Revue de Métaphysique et de Morale 46 (1939); vgl. David Bosshart, *Politische Intellektualität und politische Erfahrung. Hauptströmungen der französischen Totalitarismuskritik*, Berlin 1992, 103 ff., 112, 118 ff.

[108] Hannah Arendt, *Elemente und Ursprünge totaler Herrschaft*, München 1955, 714.

[109] Arendt (wie Anm. 108), 711.

[110] Ebd., 594.

[111] Ebd., 572.

[112] Eric Voegelin, *Religionsersatz*, in: Wort und Wahrheit 15 (1960), 15.

[113] Romano Guardini, *Der Heilbringer* (1946), Mainz 1979.

[114] Guardini (wie Anm. 113), 69 ff.

[115] Voegelin, *Religionsersatz* (wie Anm. 112), 18.

[116] Michael Rohrwasser, *Der Stalinismus und die Renegaten. Die Literatur der Ex-kommunisten*, Stuttgart 1991.

[117] Hermann Heller, *Europa und der Fascismus*, Berlin/Leipzig 1929, 56.

[118] Erik Peterson, *Der Monotheismus als politisches Problem* (1935), jetzt in: ders., *Theologische Traktate* (= Ausgewählte Schriften, hrsg. von Barbara Nicht-weiß, Bd. 1), Würzburg 1994, 23–81; hierzu Hans Maier, *Erik Peterson und die politische Theologie*, in: Zeitschrift für Politik 38/1 (1991), 33–46.

IV. Das totalitäre Zeitalter – profane und religiöse Deutungen

[119] Eine Bilanz der internationalen Totalitarismusforschung gibt Eckhard Jesse (Hrsg.), *Totalitarismus im 20. Jahrhundert*, Bonn 1996. Über die Forschungen zum Thema „Politische Religionen" informiert die von Michael Burleigh und Robert Mallett herausgegebene Zeitschrift *Totalitarian Movements and Political Religions* (Ilford, Essex, 2000 ff.).

[120] Insofern hängt auch der begrüßenswerte, nach 1989/90 verkündete „antitotalitäre Konsens", was seine theoretischen Grundlagen angeht, noch immer in der Luft.

[121] Zum Bürgerkrieg und den Anfängen der Roten Armee vgl. Peter Scheibert, *Lenin an der Macht. Das russische Volk in der Revolution 1918–1922*, Weinheim 1984, 54–69; Richard Pipes, *Die Russische Revolution*, Bd. 3, Berlin 1993, 19–232, und Manfred Hildermeier, *Geschichte der Sowjetunion 1917–1991*, München 1998, 105–156.

[122] Ein anschauliches Gesamtbild entwirft Renzo de Felice in seiner Mussolinibiographie; einschlägig ist der 1966 in Turin erschienene Band *Il fascista: La conquista del potere 1921–1925*.

[123] Welche Rolle Uniformen, Fahnen, Standarten, Orden, Medaillen und Abzeichen in der Entfaltung der NS-Bewegung spielten, macht der vom Münchner Stadtmuseum herausgegebene Band *München – „Hauptstadt der Bewegung"*, München 1993, an einer Fülle von Bildzeugnissen deutlich – ein Beispiel für viele andere (siehe Anm. 68). Die Uniformen von Partei, SA, SS, Jugendorganisationen usw. dürften bei vielen Zeitgenossen nicht nur den Unterschied zwischen regulären Ordnungskräften und Parteimilizen verwischt haben; sie bereiteten symbolisch-bildlich zugleich die „Machtergreifung" vor, da politische Macht für nicht wenige Menschen mit militärischer Macht identisch war.

[124] Literarisch verbindet sich dieser Begriff heute vor allem mit Ernst Jün-

gers gleichnamigem Essay von 1930, *Die totale Mobilmachung* (siehe Anm. 49). Man darf jedoch die lange Vorgeschichte nicht vergessen, die von Clausewitz' „absolutem Krieg" bis zu den Kriegstheorien von Erich Ludendorff im Schatten des Weltkriegs reicht.

[125] Nikolaj Nikolajewitsch Suchanow, *1917. Tagebuch der Russischen Revolution*, hrsg. und übers. von Nikolaus Ehlert, München 1967, 666.

[126] Fedor Stepun, *Das bolschewistische Russland. Gedanken und Bilder*, in: Hochland 21 (1924), 243–252; 522–538 (das Zitat 247).

[127] Zit. bei René Fülöp-Miller, *Geist und Gesicht des Bolschewismus*, Zürich 1926, 6 f. (Übersetzung: Johannes R. Becher).

[128] Harry Graf Kessler, *Tagebücher 1918–1937*, hrsg. von Wolfgang Pfeifer-Belli, Frankfurt (M.) 1982, 132 f. Den Hinweis auf diese Stelle verdanke ich Hella Mandt.

[129] Ein Florilegium von Urteilen über die Sowjetunion bei Gerd Koenen, *Die großen Gesänge*, Frankfurt (M.) 1987, 26 ff. Sie stellen der westlichen Intelligenz der zwanziger und dreißiger Jahre kein rühmliches Zeugnis aus. Immerhin hat sich André Gide später zu einer kritischeren Haltung durchgerungen (*Retour de l'U.R.S.S.*, 1936, *Retouches à mon Retour de l'U.R.S.S.*, 1937).

[130] Harold Nicolson, *Tagebücher und Briefe 1930–1941*, Frankfurt (M.) 1969, 101.

[131] William L. Shirer, *Das Jahrzehnt des Unheils* (Neuausgabe), München 1989, 75.

[132] Jacob Burckhardt, *Weltgeschichtliche Betrachtungen* (Krönerausgabe), Stuttgart 1969, 234.

[133] Konformitätsbereitschaft, Lust am Dabeisein, Angst, sich zu isolieren, gehen hier eine schwer auflösbare Symbiose ein. Für die Sowjetunion sei summarisch auf die Zeugnisse von Alexander Solschenizyn, Andrej Sacharow und Efim Etkind hingewiesen. Erhellend für Nazi-Deutschland: Theodor Haecker, *Tag- und Nachtbücher 1939–1945*, hrsg. von Hinrich Siefken, Innsbruck 1989, und Wanda von Baeyer-Katte, *Das Zerstörende in der Politik. Eine Psychologie der politischen Grundeinstellung*, Heidelberg 1958.

[134] MEW, Bd. 28 (1963), 508; MEW, Bd. 22 (1963), 199; hierzu Ernst Nolte, Art. *Diktatur*, in: Otto Brunner/Werner Conze/Reinhart Koselleck (Hrsg.), *Geschichtliche Grundbegriffe*, Bd. 1, Stuttgart 1972, 900–924 (916–919).

[135] Wladimir Iljitsch Lenin, *Staat und Revolution* (1917).

[136] Karl Kautsky, *Terrorismus und Kommunismus* (1919), wiederabgedruckt in: H. Kremendahl/Th. Meyer (Hrsg.), *Sozialismus und Staat*, Bd. 1, Kronberg 1974.

[137] Kautsky (wie Anm. 136) entscheidet sich für „tatarisch", „denn Asien hat seinen Konfuzius und einen Buddha geboren" (232).

[138] Hierzu Hella Mandt, *Das klassische Verständnis: Tyrannis und Despotie*, in: Hans Maier (Hrsg.), *„Totalitarismus" und „politische Religionen"*, Bd. 3, Pader-

born 2003, 29–106, die darauf verweist, dass die Machtübernahme der Bolschewiki zu dieser Zeit noch nicht als eine Revolution neuen Typs und als säkulare Zäsur wahrgenommen wurde. Das kommt darin zum Ausdruck, „dass man weiterhin die alten negativen Verfassungsbegriffe verwendete. Bei führenden Vertretern des französischen Sozialismus kommt hinzu, dass sie in der Entwicklung in Russland eine Entsprechung zur Geschichte der Französischen Revolution von 1789 sahen, zu der 1793 als eine Episode gehörte, die mehrheitlich nicht als ein politisches Trauma nachwirkte" (74).

[139]   Lenin, *Staat und Revolution* (wie Anm. 135), 424; siehe ders., *Die proletarische Revolution und der Renegat Kautsky* (1918); dort die Bestimmung der Diktatur des Proletariats als einer „sich unmittelbar auf Gewalt stützende(n) Macht, die an keinerlei Gesetze gebunden ist" (Neudruck Moskau 1940, 115).

[140]   Ignazio Silone, *Die Schule der Diktatoren*, Zürich 1938.

[141]   Die erste zusammenfassende Darstellung bei Rohrwasser (wie Anm. 116).

[142]   Hans Maier, *Revolution und Kirche*, Freiburg ⁵1988, 46, Anm. 62.

[143]   Rudolf Lill, *Geschichte Italiens in der Neuzeit*, Darmstadt ³1986, 301, Anm. 1.

[144]   Zit. bei Hannah Arendt, *Über die Revolution* (wie Anm. 103).

[145]   Hans Maier, *„Totalitarismus" und „politische Religionen"*, in: Vierteljahreshefte für Zeitgeschichte 43 (1995), 387–405.

[146]   Siehe Anm. 106.

[147]   1932 (zusammen mit Giovanni Gentile).

[148]   Dass der Nationalsozialismus auch ein *Sozialismus* war, blieb für die Linke aller Richtungen immer eine Herausforderung – so unbestreitbar die tatsächlichen Befunde waren. Die verhüllende (und verharmlosende!) Rede vom „deutschen Faschismus" bot hier eine willkommene sprachliche Ablenkung.

[149]   Siehe dazu meine Ausführungen in: Peter Blickle u. a. (Hrsg.), *Macht und Ohnmacht der Bilder*, München 2002, 485–507.

[150]   Einzelnachweise bei Mandt (wie Anm. 138), 56 ff.

[151]   Aristoteles, *Politik* I–III; hierzu Hellmut Flashar, *Aristoteles*, in: Überweg, *Grundriß der Geschichte der Philosophie: Antike 3*, Basel 1983, 175–457 (bes. 242–252, 336–358).

[152]   Hella Mandt, *Tyrannislehre und Widerstandsrecht*, Darmstadt 1974; dieselbe, *Verständnis* (wie Anm. 138), 36 ff., 42 ff.

[153]   Eduard Bernstein, *Betrachtung über das Wesen der Sowjetrepublik* (19.9.1918); zit. bei Mandt (wie Anm. 138), 47, Anm. 52.

[154]   Mandt (wie Anm. 138), 78 ff.

[155]   Siehe Anm. 107. Zu Aron vgl. David Bosshart, *Politische Intellektualität und totalitäre Erfahrung, Hauptströmungen der französischen Totalitarismuskritik*, Berlin 1992, 103 ff., 117 ff.

[156]   Vgl. Eric Voegelin, *Die deutsche Universität und die Ordnung der deutschen Gesellschaft*, in: *Die deutsche Universität im Dritten Reich Eine Vortragsreihe der Universität München*, München 1966, 241–282.

[157] Leo Strauss, *Naturrecht und Geschichte*, Stuttgart 1956, Einleitung (Anm. 2).

[158] Mandt (wie Anm. 138), 63, Anm. 115.

[159] Man denke nur an Leo Strauss', *On Tyranny* (1948, dt. unter dem Titel: *Über Tyrannis*, Neuwied/Berlin 1963), oder an die selbstverständliche Art, in der britische Historiker (z. B. Alan Bullock) bis heute die Begriffe „Tyrann" und „Tyrannis" gebrauchen.

[160] Maier (wie Anm. 145), 389 f.

[161] Maier, 395 f.

[162] Mandt (wie Anm. 138), 106.

[163] Vgl. die Beiträge von Karl Dietrich Bracher, Klaus Hildebrand, Ian Kershaw und anderen in: Eckhard Jesse (Hrsg.), *Totalitarismus* (wie Anm. 119).

[164] Giovanni Amendola am 12.5.1923 in der Zeitschrift *Il Mondo*; dazu Manfred Funke, *Braune und rote Diktaturen – Zwei Seiten einer Medaille?*, in: Jesse (wie Anm. 119), 152–159; Jens Petersen, *Die Entstehung des Totalitarismusbegriffs in Italien*, ebd., 95–117.

[165] Hierher gehört die Literatur, welche die „Auflösung" bestehender Rechts- und Verfassungssysteme thematisiert – als Anfang kann man Karl Dietrich Brachers klassisches Werk *Die Auflösung der Weimarer Republik* (Villingen 1955 u. ö.) betrachten, als einen Endpunkt Daniel Suters eindringliche Studie *Rechtsauflösung durch Angst und Schrecken. Zur Dynamik des Terrors im totalitären System*, Berlin 1983.

[166] Dieser Führer taucht sowohl im sowjetischen wie im faschistischen wie im nationalsozialistischen System auf, mit allen Begleiterscheinungen des Personenkults, der Freistellung von Kritik, der Vergöttlichung zu Lebzeiten. Für ihn ist der klassische Titel des Tyrannen durchaus angemessen – welcher andere könnte ihn besser charakterisieren?

[167] So vor allem, nach dem Vorgang Hannah Arendts, Daniel Suter (wie Anm. 165), 91–98. Konsequenterweise führt diese Denkweise nicht nur zur Zerstörung der gemeinsamen Staatsbürgernatur – sie löscht auch das Subjekt aus. Der „objektive Feind" ist nicht mehr ein Schuldiger, sondern ein Schädling – er darf in Säuberungs- und Vernichtungsaktionen wie ein Insekt „beseitigt" werden. „Das Dekret ,Über den roten Terror' vom 5. September [sc. 1918] kündigte dem Klassenfeind und allen weißgardistischen Umtrieben gnadenlose Vergeltung an. Fortan interessierte nicht mehr der Einzelfall, der politische Mord wurde pauschaliert. Alles spricht dafür, dass die Wirklichkeit der berüchtigten Formulierung des hohen ,Tschekisten' M. Ja. Lacis an Brutalität nicht nachstand: seine Organisation führe ,keinen Krieg gegen Individuen', sie lösche die ,Bourgeoisie' als Klasse aus" (Hildermeier [wie Anm. 121], 150 f.). Eine ähnliche Denkweise spricht aus Heinrich Himmlers berüchtigter Posener Rede vom 4. Oktober 1943 (*Der Prozess gegen die Hauptkriegsverbrecher vor dem Internationalen Militärgerichtshof*, Nürnberg 1948, Bd. 29, 1919 PS, 145).

[168] Aus einem späteren Marschlied der FDJ in der DDR.

[169] Summarisch sei an Autoren wie Jean Améry, Viktor Frankl, Primo Levi, Jorge Semprun und Tzvetan Todorov erinnert.

[170] Albert Camus, *Der Mensch in der Revolte*, Reinbek 1977, 1 f.

[171] François Furet, *Le passé d'une illusion*, Paris 1995.

[172] Hermann Lübbe, *Totalitäre Rechtgläubigkeit. Das Heil und der Terror*, in: Hermann Lübbe (Hrsg.), *Heilserwartung und Terror. Politische Religionen des 20. Jahrhunderts*, Düsseldorf 1995, 15–34.

[173] Daniel Suter (wie Anm. 165).

[174] Marie-Joseph Le Guillou, *Le mystère du Père. Foi des apôtres – gnoses actuelles*, Paris 1973 (dt. unter dem Titel: *Das Mysterium des Vaters*, Einsiedeln 1974, hier 161 ff.).

[175] Le Guillou weist diese Züge schon am Jakobinerjargon (162), vor allem aber am Leninismus und am Nationalsozialismus nach. „Die Sprache hört … auf, über die Wirklichkeit zu informieren, um im Gegenteil ein zwingendes Netz über sie zu breiten" (173). Eine Skizze des „deutschen Zyklus" gibt Hugo Steger in: Helmut Kreutzer u. a. (Hrsg.), *Verfolgung und Widerstand*, München 1988, 81 ff.

[176] Diese Frage muß man schon an Friedrich-Brzezinskis klassisches Werk *Totalitarian Dictatorship and Autocracy*, Cambridge 1956, stellen – bei allen unbezweifelbaren Verdiensten, die es hat.

[177] Weder Lenin und Stalin noch Mussolini und Hitler haben sich einfach durch den Erfolg gerechtfertigt gesehen. Sie haben erhebliche Mühe auf Selbstrechtfertigungen mit Hilfe weltanschaulicher Systeme gelegt, was umso erstaunlicher ist, als niemand sie zur Rechtfertigung zwingen konnte.

[178] Siehe Anm. 106.

[179] Die Literatur ist Legion und reicht von philosophischen und theologischen Werken (Berdjajew, Florenskij, Mereschkowskij, Stepun) bis zu weiter verbreiteten Alltagsschilderungen (Alja Rachmanowa). Noch Alexander Solschenizyns riesiges Epos über die Oktoberrevolution ist aus solcher Perspektive erzählt!

[180] Hans Maier, *Die christliche Zeitrechnung*, Freiburg [5]2000, 55.

[181] Werner Freitag (Hrsg.), *Das Dritte Reich im Fest. Führermythos, Feierlaune und Verweigerung in Westfalen 1933–1945*, Bielefeld 1997; Kratzer (wie Anm. 86); Horst Möller/Volker Dahm/Hartmut Mehringer (Hrsg.), *Die tödliche Utopie. Bilder, Texte, Dokumente, Daten zum Dritten Reich* (wie Anm. 86).

[182] Friedrich P. Reck-Malleczewen, *Bockelson. Geschichte eines Massenwahns*, Berlin 1937 (Stuttgart [3]1968). Der Verfasser bezahlte dieses Buch im Dritten Reich mit seinem Leben!

[183] Michael Burleigh, *Die Zeit des Nationalsozialismus. Eine Gesamtdarstellung*, Frankfurt (M.) 2000, 106 f.

[184] Siehe Anm. 183.

[185] Burleigh (wie Anm. 183), 28 f.

[186] Hierzu Hans Maier (wie Anm. 149).

[187] In der Sowjetunion vor allem durch die Abschaffung des Samstags und Sonntags und die Einführung einer gleitenden Fünftage-Woche – was de facto auf eine erhebliche Ausdehnung der Arbeitszeit auf Kosten der Freizeit hinauslief.

[188] Le Guillou (wie Anm. 174) formuliert pointiert: „Was nachgeahmt wird, ist oft die Sünde des Christentums … Was die ideologische Macht als erstes nachahmt, ist genau das, was sie dem Christentum getan zu haben vorwirft, und was nicht zu tun dieses erst legitimiert: das Verbrennen der Häretiker und der Hexen, die Überwachung der Gewissen" (180 f.).

[189] Man denke an das oft zitierte Wort Lenins, der Kommunismus sei stark, weil er wahr sei, und an „Die Wahrheit" als häufigen Namen kommunistischer Presseorgane (*Prawda* usw.).

[190] Rohrwasser (wie Anm. 116) stellt auf 32 Seiten (26–57) ein „Wörterbuch der Verdammungen" zusammen, das die Übernahme von Begriffen der Kirchengeschichte (Renegaten, Konvertiten, Ketzer usw.) im Kommunismus eindrucksvoll belegt. Nicht weniger als die kommunistischen Akteure gebrauchen übrigens später auch die vom Kommunismus „Bekehrten" diese religiösen Begriffe: „Die kommunistische Bewegung wird in den Renegatentexten weniger als politische denn als Glaubensbewegung gewichtet. Kritisiert wird die Entwicklung einer dogmatischen Kirche, die den Glauben verrät. Damit werden Vergleiche wie die der ‚Säuberungen' mit der Inquisition und Verurteilungen wie die des Hitler-Stalin-Paktes als ‚Sündenfall' oder des Stalinismus als ‚Erbsünde' sinnfällig" (56 f.).

[191] Zusammenfassend zur Religiosität Hitlers: Michael Rissmann, *Hitlers Gott*, Zürich/München 2001.

[192] Klarste Darstellung dieser Zusammenhänge bei Ernst Nolte, *Der Faschismus in seiner Epoche*, München 1963, 398–409.

[193] Wolfgang Dierker, *Himmlers Glaubenskrieger. Der Sicherheitsdienst der SS und seine Religionspolitik 1933–1941*, Paderborn 2001.

[194] Am frühesten Franz Werfel (wie Anm. 104).

[195] Eric Voegelin, *Die politischen Religionen* (wie Anm. 106).

[196] Hannah Arendt, *Elemente und Ursprünge totaler Herrschaft* (wie Anm. 108).

[197] Romano Guardini, *Der Heilbringer* (wie Anm. 113).

[198] Bernhard Welte, *Vom Wesen und Unwesen der Religion*, Frankfurt (M.) 1952. Zur Begriffsgeschichte: Ernst Feil, *Religio*, Göttingen, Bd. 1: 1986, Bd. 2: 1997, Bd. 3: 2001.

[199] Dolf Sternberger, *Drei Wurzeln der Politik* (= Schriften II, 1, 2), Frankfurt (M.) 1978, 438: „Wir müssen, beim Versuch, diese Phänomene zu erkennen, auch die Anstrengung nicht scheuen, in den Kammern solchen ins Ent-

setzliche verstiegenen Bewußtseins einzudringen" (gemeint ist Himmlers Posener Rede – wie Anm. 167).

[200] Dietrich Bonhoeffer, *Widerstand und Ergebung* (Neuausgabe), München 1970, 12.

[201] Dass die totalitären Regime den christlichen Kirchen feindlich gesinnt waren, ist kein durchschlagendes Argument gegen ihre Bezeichnung als (politische) *Religionen*. Ganze Welten liegen zwischen der „kirchenförmigen Religion" des Christentums, die sowohl der Kommunismus wie der Nationalsozialismus – jeder auf seine Art – bekämpften, und jener politischen oder säkularen Religion, die sich in den „heiligen Büchern" des Kommunismus, im Schicksalsglauben Mussolinis und in Hitlers „Vorsehung" manifestiert.

V. Politische Martyrer? Zu jüngsten Erweiterungen des Martyrerbegriffs

[202] Erik Peterson, *Zeuge der Wahrheit* (1937), jetzt in: Erik Peterson, *Theologische Traktate* (= Ausgewählte Schriften, Bd. 1), Würzburg 1994, 93–129. Zur Herausbildung der Martyrerkategorie im Zusammenhang der Entstehung des neutestamentlichen Kanons vgl. ders., *Johannesevangelium und Kanonstudien*, aus dem Nachlass hrsg. von Barbara Nichtweiß (= Ausgewählte Schriften, Bd. 3), Würzburg 2003, 301–355; Norbert Brox, *Zeuge und Martyrer. Untersuchungen zur frühchristlichen Zeugnis-Terminologie*, München 1961; Eduard Lohse, *Martyrer und Gottesknecht*, Göttingen ²1963; Karl Rahner, *Dimensionen des Martyriums. Plädoyer für die Erweiterung eines klassischen Begriffs*, in: Concilium 19 (1983), 174–176; vgl. ferner die Martyrer-Artikel in TRE 22, 196–220 und in LThK 6 (1997), 1436–1444 sowie Lacey Baldwin Smith, *Fools, Martyrs, Traitors. The Concepts of Martyrdom in the Western World*, Chicago 1999; Brad Stephen Gregory, *Salvation at Stake. Christian Martyrdom in Early Modern Europe*, Cambridge (Mass.) 1999; Walter Ameling (Hrsg.), *Märtyrer und Märtyrerakten*, Stuttgart 2002.

[203] Augustinus, *Ad Cresconium grammaticum* 3, 47.

[204] Summarisch sei auf die Martyrer-Artikel bei Grimm, Paul-Betz und Wahrig verwiesen.

[205] Aufschlußreich die 1830 geschriebene, erst postum veröffentlichte Studie *Christus nebst alt- und neutestamentlichen Figuren, den Bildhauern vorgeschlagen* (Hamburger Ausgabe 12, 210–216), wo Goethe feststellt: „Die Zeichen des Märtyrertums sind der neuen Welt nicht anständig genug" (210), und darüber klagt, dass wir Christus „sehr unschicklich gemartert, sehr oft nackt am Kreuze und als Leichnam sehen mussten" (212). Von Paulus heißt es: „Er wird gewöhnlich mit dem Schwerte vorgestellt, welches wir aber wie alle Marterinstrumente ablehnen …" (214).

[206] Chateaubriands Diokletian trägt Züge Napoleons, Hiéroclès verweist auf Fouché.

[207] Jutta Osinski, *Katholizismus und deutsche Literatur im 19. Jahrhundert*, Paderborn 1993; Susanna Schmidt, *„Handlanger der Vergänglichkeit". Zur Literatur des katholischen Milieus 1800–1950*, 1994.

[208] Görres wandte sich in seiner Streitschrift gegen die Verhaftung des Kölner Erzbischofs Clemens August Freiherr von Droste-Vischering durch die preußischen Behörden 1837. „Es gelang darin dem genialen Publizisten, Droste als den großen Vorkämpfer der Kirchenfreiheit hinzustellen und seine Sache zu der aller deutschen Katholiken zu machen" (Rudolf Lill in: *Handbuch der Kirchengeschichte*, hrsg. von Hubert Jedin, Bd. 6/1, Freiburg/Basel/Wien 1971/1985, 397).

[209] Athanasius (Erstdruck Regensburg 1838), 145.

[210] Ebd., 146.

[211] Gabriele Clemens, *„Erziehung zu anständiger Unterhaltung". Das Theaterspiel in den katholischen Gesellen- und Arbeitervereinen im deutschen Kaiserreich. Eine Dokumentation*, Paderborn 2000.

[212] Pius XI. sprach 1926 die in der Revolution getöteten „Martyrer von Paris" selig. Es handelt sich um ein Eigenfest der Erzdiözese Paris (seit 1979 erweitert auf die Diözesen der Ile de France). Im *Martyrologium Romanum*, Vatikanstadt 2001, ist dieses Fest am 2. September aufgeführt (freundliche Mitteilung von Prof. Dr. Reiner Kaczynski, München).

[213] Oskar Schabert veröffentlichte 1920 eine Schrift mit dem Titel *Märtyrer. Der Leidensweg der baltischen Christen*; 1926 ließ er ein *Baltisches Märtyrerbuch* folgen.

[214] Karl-Joseph Hummel/Christoph Strohm (Hrsg.), *Zeugen einer besseren Welt. Christliche Märtyrer des 20. Jahrhunderts*, Leipzig 2002; *Zeugen für Christus. Das deutsche Martyrologium des 20. Jahrhunderts*, hrsg. von Helmut Moll im Auftrag der deutschen Bischofskonferenz, 2 Bde., ²2002; ders., *Die Märtyrer des 20. Jahrhunderts*, in: Communio 31 (2002), 429–446; Andrea Riccardi, *Salz der Erde, Licht der Welt. Glaubenszeugnis und Christenverfolgung im 20. Jahrhundert*, Freiburg 2002. Zum aktuellen Stand vgl. Wolf-Dieter Hauschild, *Märtyrer/ Märtyrerinnen nach evangelischem Verständnis*; Gerhard Voss, *Das Gedächtnis der Märtyrer in der römisch-katholischen Kirche*; Vladimir Ivanov, *Die Heiligsprechung der neuen russischen Märtyrer*, alle in: Evangelische Arbeitsgemeinschaft für Kirchliche Zeitgeschichte, Mitteilungen 21/2003, 1–51; Gerhard Ringshausen, *Auf dem Weg zu einem evangelischen Martyrologium?* (im Erscheinen).

[215] Guter Überblick in: Concilium 39 (2003), 1–138: („Martyrium in neuem Licht").

[216] Gelesen am 21.7.2003; hieraus auch die folgenden Beispiele.

[217] Zahlreiche Belege finden sich in der Duden-Sprachkartei in Mannheim (freundliche Mitteilung von Herrn Dr. Matthias Wermke vom 16.7.2003).

[218] Jon Sobrino, *Unsere Welt – Grausamkeit und Mitleid*; ders., *Die Märtyrer: eine Herausforderung für die Kirche*; Seán Freyne, *Jesus der Märtyrer*; José Ignacio González Faus, *Zeugnis einer Liebe – getötet aus Hass auf die Liebe*; alle in: Concilium 39 (2003) (wie Anm. 215).

[219] Siehe die Berichte über die Tamilen auf Sri Lanka (S. J. Emmanuel), Lateinamerika (Elsa Tamez) und Afrika (Teresa Okure), in: Martyrium in neuem Licht (wie Anm. 215).

[220] *Das Staats-Lexikon. Enzyklopädie der sämtlichen Staatswissenschaften für alle Stände* , hrsg. von Carl von Rotteck und Carl Welcker, Bd. 8 (1847), Art. *Märtyrer (religiöse und politische)* von K. Steinacker, 723–732; das Zitat 730/731. – An dieser Stelle müßte auch der spezifischen „Nationalreligiosität" gedacht werden, die sich in Deutschland im 19. Jahrhundert entwickelte; vgl. Dietmar Klenke, *Deutsche Nationalreligiosität zwischen Vormärz und Reichsgründung. Zur innen- und außenpolitischen Dynamik der deutschen Nationalbewegung*, in: Historisches Jahrbuch 123 (2003), 389–447. Hier tauchen Helden, Heilige und sogar – säkularisierte – Martyrer auf (405)!

[221] S. J. Emmanuel, *Martyrium als Kampf um Leben und Würde in Asien. Tamilen auf Sri Lanka*, in: Concilium 39 (2003) (wie Anm. 215), 15–22 (19).

[222] Voss (wie Anm. 214), 30 ff.

[223] Ivanov (wie Anm. 214), 41.

[224] Hauschild (wie Anm. 214), 22.

[225] Ein Überblick bei Helmut Moll, *Die Märtyrer des 20. Jahrhunderts. Zeugnis und Beispiele*, in: Communio 31 (2002), 429–446.

[226] Man denke an die UNO-Deklaration über die Menschenrechte (1948), an die Internationalen Pakte über bürgerliche und politische Rechte sowie über wirtschaftliche, soziale und kulturelle Rechte (beide 1966), an das Entstehen einer internationalen „Menschenrechtspolitik" seit den siebziger Jahren, an die Tätigkeit des UNO-Hochkommissars für Menschenrechte sowie an die ständige Diskussion über Menschenrechtsverletzungen vor dem Forum der Vereinten Nationen.

[227] Vgl. die ahnungsvolle Notiz Dietrich Bonhoeffers an der Wende zum Jahr 1943: „ … es ist unendlich viel leichter, in Gemeinschaft zu leiden als in Einsamkeit. Es ist unendlich viel leichter, öffentlich und unter Ehren zu leiden als abseits und in Schanden" (*Nach zehn Jahren*, in: *Widerstand und Ergebung*, Neuausgabe 1970, 11–27 [24]. Von einem „fast augenlosen Verlöschen im 20. Jahrhundert" sprach Karl Rahner, zit. bei Victor Conzemius, *Neue Märtyrer*, in: Communio 32 (2003), 309–314 (313).

[228] Die eindrücklichste Darstellung dieser Zusammenhänge nach wie vor bei Erik Peterson, *Zeuge der Wahrheit* (wie Anm. 202); vgl. auch Dietrich Bonhoeffer, *Nach zehn Jahren* (wie Anm. 227), 12 ff.; Hans Urs von Balthasar, *Cordula oder der Ernstfall*, Einsiedeln 1966, und Seán Freyne, *Jesus der Märtyrer* (wie Anm. 215/218), 38–47. In der Verbindung des Martyrers mit Christus sieht

die Dogmatische Konstitution des Zweiten Vatikanums über die Kirche das entscheidende Kennzeichen des Martyriums als „Zeugnis der Liebe": „Das Martyrium, das den Jünger dem Meister in der freien Annahme des Todes für das Heil der Welt ähnlich macht und im Vergießen des Blutes gleichgestaltet, wertet die Kirche als hervorragendes Geschenk und als höchsten Erweis der Liebe. Wenn es auch wenigen gegeben wird, so müssen doch alle bereit sein, Christus vor den Menschen zu bekennen und ihm in den Verfolgungen, die der Kirche nie fehlen, auf dem Weg des Kreuzes zu folgen" (*Lumen gentium* V, 42).

[229] José Ignacio Gonzáles Faus, *Zeugnis einer Liebe* (wie Anm. 215/218), 48. Gegen die ursprüngliche Absicht der Kurie, Kolbe nur als Bekenner, nicht als Märtyrer heilig zu sprechen, hatte Karl Rahner protestiert (siehe Anm. 202).

[230] Die frühesten kirchlichen Äußerungen, so vor allem der Brief der Gemeinde von Smyrna über das Martyrium des Bischofs Polykarp, versuchen das „Martyrium gemäß dem Evangelium" vom eigenwilligen Drang zum Martyrium abzugrenzen; siehe Gerd Buschmann, *Das Martyrium des Polykarp* (= Kommentar zu den Apostolischen Vätern, Bd. 6), Göttingen 1998.

[231] Zit. bei Michael Figura, *Märtyrer durch Gottes Willen. Die Deutung seines eigenen Märtyrertodes bei Ignatius von Antiochien*, in: Communio 31 (2002), 332–339 (336/37).

[232] Wie Anm. 215.

[233] Wie Anm. 216.

[234] Die Beispiele bei www.google.de Martyrer (gelesen am 21.7.2003).

[235] *Mordende Märtyrer. Die Selbstmordattentäter der Hisbollah*: www.histomat.ch./ ideen.

[236] www.stgereon.de/pbr/StGereon auf der Spur.

[237] Siehe Anmerkungen 214, 215, 225. In seinem Apostolischen Schreiben *Tertio millenio adveniente* (2000) sagt Papst Johannes Paul II.: „Am Ende des zweiten Jahrtausends ist *die Kirche erneut zur Märtyrerkirche* geworden. Die Verfolgung von Gläubigen – Priestern, Ordensleuten und Laien – hat in verschiedenen Teilen der Welt eine reiche Saat von Martyrern bewirkt. Das Zeugnis für Christus bis hin zum Blutvergießen ist zum gemeinsamen Erbe von Katholiken, Orthodoxen, Anglikanern und Protestanten geworden, wie schon Paul VI. in der Homilie bei der Heiligsprechung der Martyrer von Uganda betonte. *Das ist ein Zeugnis, das nicht vergessen werden darf*" (zit. bei Moll [wie Anm. 225], 429).

[238] Zur Entwicklung der Fürbittenlisten in der Bekennenden Kirche während der NS-Zeit bemerkt Eberhard Bethge, *Dietrich Bonhoeffer. Eine Biographie*, ³1970: „Die Fürbittenlisten blieben zwar immer noch lang, aber ihre Rubrik ‚Verhaftungen' wurde kleiner, und man mußte sich an eine Skala neuer Ausdrücke für Behinderungen gewöhnen" (674) ... Als Bonhoeffer sich zu konspirativem Widerstand entschloss, wusste er, „dass die Kirche noch nicht

in der Lage war, ihn für das zu decken, wofür er ihre Mitverantwortung nicht erbitten konnte. Und er wusste, warum ihm seine Bekennende Kirche den Platz auf der Fürbittenliste verweigerte: nicht nur, weil sie in einer gefährlichen Lage vorsichtig sein musste; auch nicht nur deshalb, weil sie noch nicht alle Details der konspirativen Tätigkeit kannte; sondern doch wohl auch, weil sie noch nicht in den Kategorien zu denken vermochte, mit denen es Bonhoeffer unternahm, den außerordentlichen Anspruch der Lage zu beantworten" (893).

[239] Berichte über Leiden und Tod der Glaubenszeugen wurden in den christlichen Gemeinden jeweils an den Jahrestagen des Martyriums verlesen. Die Texte der Martyrologien – zum Teil auf Gerichtsprotokollen fußend – gingen so im Lauf der Zeit ins Gedächtnis der Kirche ein. Das Gedenken an die Martyrer bildete die älteste Schicht kirchlicher Heiligenfeste. Aus den Gedenktagen entstand der Heiligenkalender.

[240] TRE 22, 199.

[241] So wird aus der alten Verpflichtung zum Dschihad – dem Kampf gegen das Böse innerhalb und außerhalb des eigenen Ich – bei den Todesfliegern des 11. September 2001 die schrankenlose Ermächtigung, die Welt der „Ungläubigen" mit allen Mitteln zu bekämpfen, unter Aufopferung des eigenen Lebens und unter Mitnahme vieler schuldloser Opfer. Eng verbunden damit ist die Erwartung, durch den selbstgewählten Tod unmittelbar ins Paradies zu gelangen.

[242] Annemarie Schimmel, *Märtyrer der Gottesliebe*, Köln 1969; dies. (Hrsg. und Übers.), *Al-Halladsch: „O Leute, rettet mich vor Gott"*, Freiburg/Basel/Wien 1985.

[243] Allen drei „abrahamitischen Religionen" ist gemeinsam die Abgrenzung vom willentlich gesuchten (nicht einfach als Opfer angenommenen) Martyrium; in allen gibt es eine entsprechende „Häresiologie".

[244] Ich benutze den Begriff als pauschale Kennzeichnung für die militanten, gewaltbereiten Strömungen im modernen Islam – wohl wissend, dass eine im Islam weit verbreitete Auslegungstradition den „Großen Dschihad" (als Kampf gegen das eigene Ich) *vor* den „Kleinen Dschihad" (als äußeren Kampf gegen die Feinde des Islam) stellt. Vgl. Anm. 4.

Personenregister

Abd al-Quadir 31
Amendola, Giovanni 87
Arafat, Yassir 106
Arendt, Hannah 69 f., 97
Aron, Raymond 67 ff., 85, 92
Assmann, Jan 16
Atta, Mohammed 10, 106
Augustinus 17, 101

Becket, Thomas 106
Bednij, Demjan 75
Behrenbeck, Sabine 63 f.
Bernstein, Eduard 85
bin Ladin, Usama 12, 43
Blok, Alexander 62
Bonhoeffer, Dietrich 98, 151 f.
Broch, Hermann 67
Brüsewitz, Oskar 111
Bruno, Giordano 105
Brzezinski, Zbigniew/T. 86
Buber-Neumann, Margarete 81
Bucharin, Nikolai 56
Burckhardt, Jacob 80
Burleigh, Michael 93 f.

Caillois, Roger 68
Camus, Albert 90
Canetti, Elias 135
Castro, Fidel 60
Ceausescu, Nicolae 60
Chateaubriand, François-René de 103
Che Guevara, Ernesto 60
Chruschtschow, Nikita 55 f.
Coubertin, Pierre de 37

Dawkin, Richard 131

Eckermnn, Johann Peter 37
Eliade, Morcea 68
Emmanuel, S.J. 108
Engels, Friedrich 81

Fahd, Ibn Abdul-Aziz 11
Ferry, Jules 37
Feuchtwanger, Lion 78
Fischer, Ernst 81
François-Poncet, André 58
Furet, François 90

Gamm, Hans-Jochen 50
Gide, André 78
Ghandi, Mahatma 105
Glaser, Georg K. 72
Goethe, Johann W. 36 f., 102 f.
Gorkij, Maxim 62, 73, 95
Guardini, Romano 68–71, 97
Gurian, Waldemar 86

Halévy, Élie 85
Hauschild, Wolf-Dieter 110
Heiden, Konrad 93
Heiler, Friedrich 68
Heine, Thomas Theodor 58
Heller, Hermann 72 f.
Herwig, Franz 104
Heuss, Theodor 33
Himmler, Heinrich 96
Hindenburg, Paul von 56

Sachregister